P V
Psychosozial-Verlag

BEHINDERTEN PÄDAGOGIK

1 März 2006 45. Jg.

ISSN 0341-7301

Schriftleitung: Prof. Dr. Peter Rödler, Opernplatz 12, 60313 Frankfurt a.M.
Tel.: 069-284767, FAX: +49 69 92870967, E-Mail: proedler@uni-koblenz.de

Inhaltsverzeichnis

Behindertenpädagogik in Hessen

* * *

Behindertenpädagogik, 45. Jg., Heft 1/2006, Seite 003

Peter Rödler

Editorial

Liebe Leserinnen und Leser der BHP,

zu Beginn meines Editorials zwei Entschuldigungen in eigener Sache. Als erstes: Sie halten dieses Heft sehr verspätet in den Händen. Ein Kulmination von einem Übermaß dienstlicher Aufgaben, die sich zudem durch mehrere Krankheiten noch weiter zusammen schoben, haben mir eine fristgerechte Zusammen- und Fertigstellung des Heftes unmöglich gemacht. Ich bitte dies zu entschuldigen! Wie in anderen Bereichen des Bildungswesens fordert auch an der Universität der strukturelle und organisatorische ›Innovationsruck‹ im Land, bei näherer Betrachtung eher eine Maskerade der Zementierung der Macht der Institutionen als ein wirklicher Wandel – man beachte hier nur die Unantastbarkeit des Deutschen Schulsystems jenseits aller in diesem Bezug vernichtenden PISA-Ergebnisse –, seinen Tribut.

Diese Bedingung, neben äußerster Arbeitsbelastung auch die BHP herzustellen, hat zudem noch zu einem weiteren Fehler bei der Herausgabe des letzten Heftes geführt, den ich hier ebenfalls bitte zu entschuldigen: Auch das letzte Heft musste, in dem Fall wegen der Aktualität des Themas, sehr kurzfristig zusammengestellt werden. Dabei ging beim Layouten eine Fußnote am Beginn des Artikels von Frau Prof. Herz verloren, die auf das Ersterscheinen dieses Artikels in einem anderen Journal hinwies. Ich mache deshalb hier an dieser Stelle deutlich: Der Text von Brigitte Herz »Ist die ›Konfrontative Pädagogik‹ der Rede Wert?« ist eine überarbeitete Fassung einer gleichnamigen Veröffentlichung, die in Heft 4/2005 der Zeitschrift ›Jugendkriminalitätsrecht und Jugendhilfe‹ erschienen ist.

Ein weiterer Punkt des heutigen Editorials hängt ebenfalls mit der beschriebenen universitären Arbeitssituation zusammen. Mit einem lachenden und einem weinenden Auge teile ich mit, dass der Gründungsschriftleiter der BHP Georg Feuser seine universitäre Laufbahn beendet, nachdem diese ihn schon, ausgelöst durch die unglaublichen Vorgänge um die Abwicklung der Behindertenpädagogik mit Menschen mit schwersten Beeinträchtigungen an der Universität in Bremen, für eine letzte finale Vertretungsprofessur an die Universität Zürich vertrieben hatte.

Mit einem weinenden Auge, weil er im Fach unersetzlich ist, ich beim besten Willen keine(n) KollegIn entdecke, der/die die entstehende Lücke im Hinblick auf politisch-pädagogische Konsequenz, die deshalb nicht ideologisch verkam, weil Georg sich immer auch die praktische Realisierung der theoretischen Erkenntnisse abverlangte, wie er sich in dieser gelebte pädagogische Praxis und aus dieser heraus zu äußerster politischer Verantwortung verpflichten ließ, füllen könnte.

Mit einem lachenden Auge, da ich weiß, dass auf dem übervollen Schreibtisch von Georg noch einige Schätze schlummern, von denen ich hoffe, sie zu heben er jetzt endlich die wohlverdiente Zeit findet. Unter diesem Aspekt, hoffe ich, steht die eigentlich fruchtbare oder besser für das Fach endlich vernehmbare Zeit von Georg Feuser noch aus. Ich wünsche ihm – wünsche Dir lieber Georg –, nach einer Regenerationsphase die hierfür notwendige Kraft.

Dein Peter Rödler

Behindertenpädagogik, 45. Jg., Heft 1/2006, Seite 005

Wolfgang Jantzen

Georg Feuser zum Abschied [1]

Georg Feuser zu verabschieden, für den Studiengang Behindertenpädagogik, in den Räumen der Bonhoeffer-Gemeinde – beides hat Geschichte und ist Geschichte. Und als Freund mit, wenn ich richtig zähle, 38 Jahren gemeinsamer Geschichte, die auch nach Georgs Abschied in Bremen noch weitergeht: das ist mit Hinblick auf unendlich viele Ereignisse und große Dichte nahezu unmöglich. Also habe ich mich entschieden, Georg zum Abschied zu würdigen, indem ich sein Bild zeichne. Und dies geht in der Kürze der Zeit nur, indem ich auf literarische Mittel zurückgreife.

Ich möchte Georg als einen Radikalen porträtieren: als radikalen Demokraten, Humanisten, Zeitdiagnostiker und radikal fragenden Wissenschaftler und ich möchte zugleich und zusammenfassend nach Perspektive und Hoffnung fragen, die eine solche Position hat, haben kann und haben muss.

Georg Feuser – Ein Radikaler

In der »Einleitung zur Kritik der Hegelschen Rechtsphilosophie« bemerkt Karl Marx: »*Radikal sein, ist die Sache an der Wurzel fassen. Die Wurzel für den Menschen ist aber der Mensch selbst*«. Und dass dieses *ad hominem* zu jenem äußersten Punkt der Kritik der Religion, zu jenem kategorischen Imperativ führt, »*alle Verhältnisse umzuwerfen, in denen der Mensch ein erniedrigtes, ein geknechtetes, ein verlassenes, ein verächtliches Wesen ist.*« (MEW 1, 385)

Oder, drücken wir es, ca. 300 Jahre vor Marx, mit den Worten aus Thomas Münzers letzter Schrift, gegen Luthers Verhimmelung der Obrigkeit gerichtet, wie folgt aus: »*Es ist der allergrößte Greuel auf Erden, dass niemand der dürftigen Not sich will annehmen; die Großen machen's wie sie wollen. Sieh zu, die Grundsuppe des Wuchers, der Dieberei und Räuberei sind unsere Herren und Fürsten; sie nehmen alle Kreatur zum Eigentum, die Fische im Wasser, die Vögel in der Luft, das Gewächs auf Erden, alles muss ihrer sein. Darüber lassen sie dann Gottes Gebot ausgehen unter die Armen und sprechen: Gott hat geboten, Du sollst nicht stehlen! Für sich selbst aber halten sie dieses Gebot nicht dienlich. Daher sie nun alle Menschen beschweren, den armen Ackersmann, Handwerksmann und alles, was da lebt, schinden und schaben. So er sich dann vergreift am Allergeringsten, muss er hängen; da sag dann der Doktor Lügner Amen. Die Herren machen das selbst, das ihnen der arme Mann feind wird; die Ursache des Aufruhrs wollen sie nicht wegtun; wie kann es auf die*

---

[1] Am 27. 1. 2006 erhielt Prof. Dr. Georg Feuser, (ab Sommersemester 1978 an der Universität Bremen tätig) mit dem Eintreten in den Ruhestand seine Entlassungsurkunde durch den Dekan des Fachbereichs 12. Es folgte am Nachmittag seine Abschiedsvorlesung mit dem Thema „Anmerkungen". Am Abend fand auf Einladung des „Landesverbands Evangelischer Tageseinrichtungen für Kinder" eine Verabschiedung in den Räumen der Bonhoeffer-Gemeinde, dem Ausgangspunkt von Georg Feusers Arbeit zur Integration in Bremen statt. Im Namen des Studiengangs Behindertenpädagogik der Universität trug ich die hier vorliegende Würdigung vor.

Länge gut werden? So ich das sage, werde ich aufrührerisch sein, wohlhin.« (1524, zit. nach Bloch, 1985 a, 45 f.)

Georg Feuser ein Radikaler dieser Art? Ja, natürlich! Ich greife seinen unvergesslichen Auftritt bei der Hauptversammlung des Verbands Deutscher Sonderschulen (VdS) 1971 in Mannheim heraus, die erste, die wir nach dem Umstürzen der Verhältnisse im Landesverband Hessen des VdS gemeinsam als Delegierte besuchten. Den einen Pol dieser HV markierte der spätere Vorsitzende Bruno Prändl, der, die Hände in die Hosenträger gehakt, den Delegierten seines Landesverbandes durch Daumen hoch oder nach unten ihr Abstimmverhalten vorgab, den anderen Georg Feuser, der fragte, aus welchen Mitteln die Blumendekoration auf den Tischen bezahlt und wie diese Ausgabe in Anbetracht der miserablen Zustände von Schulen und Klassen für geistig Behinderte, zum Teil in Kellerlöchern untergebracht, zu rechtfertigen sei.

Immer fragte Georg nach persönlicher Verantwortung und immer fragte er nach den Verhältnissen hinter der Oberfläche, orientiert an Lucien Sèves Frage, die wir beide aufgriffen: »*Sind die großen Menschen, Ausnahmen einer Epoche* ***insofern, als die gewaltige Mehrheit der übrigen Menschen durch die gesellschaftlichen Bedingungen verkrüppelt wird****, nicht in gewissem Sinn die normalen Menschen dieser Epoche und ist der Regelfall der Verkrüppelung nicht gerade* ***die Ausnahme****, die Erklärung verlangt?«* (Sève, 1973, 203)

Georg Feuser - Ein radikaler Demokrat

In ihrem Buch »Über Ungerechtigkeit« vermerkt die amerikanische Politikwissenschaftlerin Judith Shklar (1992), dass es ein Gebot der Demokratie ist, der Ansicht der Opfer uneingeschränkt Rechnung zu tragen und dass ihrer Stimme volles Gewicht zu verschaffen ist. »*Weniger zu tun ist nicht nur unfair, sondern gefährlich.«* (203) »*Das ist das Mindeste was man von den Bürgern eines demokratischen Staates erwarten werden sollte.«* (135)

Dazu gehört es aber vor allem, die Umdeutung von Ungerechtigkeit in so genannte Natur oder Schicksal nicht hinzunehmen. Und dies hat Georg sein ganzes berufliches Leben niemals getan:

- als er bei Wolfram Wagner in Frankfurt an der ersten Schule für Geistig Behinderte in Deutschland begann, geistig behinderte Kinder aus Psychiatrien zu holen und jedes Kind zu beschulen;
- als an der Martin-Buber-Schule in Gießen die Grundlagen eines humanen Umgangs mit geistig behinderten und autistischen Kindern gelegt wurden – eine Gruppe die damals restlos vergessen in Anstalten vegetierte;
- oder als er bei apallischem Syndrom wiederholt Entwicklungsmöglichkeiten aufzeigte und realisierte, die andere nicht sehen konnten und wollten.

Auf die Frage nach dem Schicksal hatte er immer eine Deutung wie die von Erich Fried bereit: »*Er fragt / das so genannte Schicksal / ›Aus welchem Saal / wurdest du uns / geschickt‹ / Man sagt ihm ›Das / ist eine falsche Deutung‹ / aber er meint / sie klingt richtig / für ein Wort / das so falsch klingt.«* (II, 10)

Georg Feuser hat immer ein Demokratieverständnis praktiziert, das jenes des ›Bremer Modells‹ war, als wir an die Universität kamen. Und dies ist eine andere Art von Exzellenz als jene, die den Herrschenden stromlinienförmig und in Hochglanzbroschüren nach dem Mund redet. Und die zugleich jeglichen Rest von Verantwortung für eine Wissenschaft im Interesse der Abhängigen, für die Mehrheit der Bevölkerung zur Zeit ebenso systematisch wie zynisch zerstört.

Georg Feuser – Ein radikaler Humanist

Wenn Humanismus das beinhaltet, was Dorothee Sölle im folgenden Zitat meint, dann ist Georg Feuser ein radikaler Humanist: »*Wir können uns selber ändern und im Leiden lernen, statt böser zu werden. Wir können das Leiden, das heute noch für den Profit weniger gemacht wird, schrittweise zurückdrängen und aufheben. Aber auf all diesen Wegen stoßen wir an Grenzen, die sich nicht überschreiten lassen. Nicht nur der Tod ist eine solche Grenze, es gibt auch Verdummung und Desensibilisierung, Verstümmelung und Verwundung, die nicht mehr rückgängig gemacht werden können. Die einzige Form des Überschreitens dieser Grenzen besteht darin, den Schmerz der Leidenden mit ihnen zu teilen, sie nicht allein zu lassen und ihren Schrei lauter zu machen.*« (1989, 217)

Für Georg gab und gibt es niemals ein fremdes Leid. Er weiß, wie Dorothee Sölle, dass wir uns vor nichts anderem fürchten müssen, als unmenschlich zu werden. Er unterstützte Eltern und Kinder in Notsituationen, er opferte seine Freizeit, er fuhr nachts zur Psychiatrie, wann immer es nötig war. Und das war es allzu oft.

Wer das als ›Gutmenschentum‹ denunziert, muss wissen, dass er damit einen Kampfbegriff der extremen Rechten benutzt, der in Österreich 1999 als Unwort des Jahres an zweiter Stelle stand. Und er muss sich Erich Frieds Antwort der Steine entgegenhalten lassen:

»*Zu den Steinen / hat einer gesagt: / seid menschlich. /*
Die Steine haben gesagt: / wir sind noch nicht / hart genug.« (I, 338)

Georg Feuser – Ein radikaler Zeitdiagnostiker

Georg Feuser hat immer begriffen, dass der Geist der Zeiten der Herren eigener Geist ist. Niemals war er gemäß Luthers Forderung bloßer »*Untertan der Obrigkeit, die Gewalt über Euch hat.*« Immer war jene Münzersche, plebejische Forderung an die großen Hansen, die Könige und Fürsten, die Päpste und Popen präsent, ihre vorgeblich gottgewollte Obrigkeit vor dem Revolutionstribunal des Volkes zu verantworten und durch ihre Taten sich als im Geiste der Heiligen Schrift handelnd erweisen zu müssen. Immer sah er der Zeit ins Gesicht und erlag dadurch niemals dem Blick des Gorgonenhauptes, von dem Fried spricht:

»*Wenn man der Zeit / lange nicht ins Gesicht sieht /*
wird ihr Gesicht / das Gesicht / das man nicht sieht /
Wer dann der Zeit / nach langer Zeit ins Gesicht sieht /
sieht das Gesicht / in das man nicht sieht / und wird Stein.« (I, 321)

Georg Feuser – Ein radikal fragender Wissenschaftler

»Nichtwissen / tut niemand weh

mit Ausnahme derer / denen wehgetan werden kann /

weil niemand es weiß.« (Fried, II, 479)

Und dem, der dies weiß, stellt sich hinter jeder Frage eine neue Frage.

Die chilenische Künstlerin Maty Brito konfrontiert in ihrem Buch »Wohin gehen die geträumten Dinge?« chilenische Kinder mit Pablo Nerudas »Libro de las preguntas«, seinem »Buch der Fragen« und gibt die Antworten der Kinder wieder. Eine Frage lautet: *»Wenn all die Flüsse / doch süß sind / woher hat das Meer / soviel Salz*?« Und die Antwort der Kinder lautet *»Von den Tränen der armen Menschen.«*

Und hier würde Georg Feuser zu fragen beginnen: Woher kommen die Tränen der armen Menschen? Warum sind die Menschen arm? Und warum verschwinden ihre Tränen im Meer?

Einem radikal fragenden humanistischen Wissenschaftler ist kein Weg zu weit, und wenn er ans Ende der Welt oder zum Beginn des Universums führt, um etwas zu verstehen, das verstanden werden muss. Dies haben ganze Generationen von Studenten begriffen, die ihr Studium begannen, um behinderten Menschen zu helfen, aber oft bereits den Glauben an ihre Fähigkeit, denken und reflektieren zu können, aufgegeben hatten. Ich werde nie vergessen, wie sie an Georgs Lippen hingen, als er über Keppler und Einstein, Galilei und Newton, Boltzmann und Prigogine vortrug. Natürlich immer mit höchst wohlgeordneten Folien, von denen jede wieder in ihrer Hülle verschwand, bevor die nächste aufgelegt wurde.

Woher aber kommt bei dieser Radikalität die Hoffnung, die Georg Feuser immer vermittelt hat? Georg hat in Frankfurt studiert. Am Ort der Psychoanalyse Mitscherlichs ebenso wie jenem der negativen Dialektik Adornos und der jüdischen Traditionen im Sinne eines Martin Buber. »Es gibt kein richtiges Leben im falschen!«, aber das heißt nicht, dass es keine Hoffnung gibt! Denn wäre dies nicht, bleibe die negative Dialektik bei sich selbst, so Adorno in den Schlussabschnitten der »Negativen Dialektik« (1990, 397-400)

Was bleibt, ist jene Hoffnung des Exodus: dass das Leiden endlich ist, und dass man sich vor nichts fürchten muss außer unmenschlich zu sein, so Sölle, in ihrer Begründung eines atheistischen Christentums (1975, 1992) .

Mit den Worten von Ernst Bloch ist die einfachste Lösung der Frage nach Gott, nach der Theodizee *»also nicht nur die: que dieu n'existe pas; denn dann tauchen die Fragen an den für uns ganz fühllosen, finster gesprenkelten Weltgang selbst auf und die schwierige Materie, die sich in ihm bewegt. Die einfachste Art ist die, dass es in der Welt immer wieder einen Auszug gibt, der aus dem jeweiligen Status herausführt, und eine Hoffnung, die sich mit der Empörung verbindet, ja die in den konkret gegebenen Möglichkeiten eines neuen Seins fundiert ist.«* (1985 b, 165)

Es ist, mit Hans Jonas (1984), immer der schlimmstmögliche Fall zu antizipieren, damit er nicht eintritt. Aber andererseits ist mit Walter Benjamin darauf zu beharren, dass Gott, jetzt mit Sölle, als Herstellung sozialer und humaner Verhältnisse, gerade auch für behinderte Menschen auf dieser Welt gewollt, anerkannt und geliebt zu sein, dass Gott – so gänzlich atheistisch gedacht – die Welt nur durch die Pforte der

Gegenwart betritt (Benjamin 1965, 94). Diese Schöpfung Gottes selbst ist dann als Teil unseres Schöpfungsauftrags in unsere eigene Verantwortung gelegt.

Ein letztes Mal Erich Fried:

»*1) In meiner Hoffnungslosigkeit / ist die Hoffnung / aufgehoben / aufgehoben / vom Grund / dem sie entwuchs / aufgehoben / als Spore / in toter Hülle / dauerhaft / einige Zeit / ewig nicht.*

2) Ich bin hoffnungslos / heißt / dass ich die Hoffnung / los bin / doch ich hoffe / ich werde / auch die Hoffnungslosigkeit / los.« (I, 460)

38 Jahre kenne ich Georg. Und in guten wie in schlechten Zeiten sind wir auch immer wieder die Hoffnungslosigkeit losgeworden. Denn dies liegt immer in der Möglichkeit und der Kraft der egalitären, nicht elitären Begegnung. Zwischen den Stühlen sitzen, ist eine gute Wahl, so Jewtuschenko. Und schon gar, wenn man es gemeinsam tut.

»*Wenn ein Schakal dein Feind, kein Freund der Hai, / gibt's jene dritte Wahl, dass man sich setzt / zwischen die Stühle bei der Beißerei – / verschieden zwar, sind beide ja voll Dreck. /*

Kein bloß »dazwischen« ist mein drittes Wählen, / ein Schuft, wer dreckbeschmierte Stühle liebt. / Für mich kann nur weltweite Hoffnung zählen, / weil's wahre Bürger ohne sie nicht gibt« (1987, 83)

Nun aber zum Schluss noch etwas fröhliches, perspektivreiches, denn wir sind bei einem Abschied und nicht bei einem Begräbnis. Und da wüsste ich für uns beide niemand besseres als Heinrich Heine in zwei seiner bekanntesten Gedichte – und zitiert wie alles andere auch natürlich in aller Wertschätzung für unsere Gastgeber der Bonhoeffer-Gemeinde und des Landesverbandes, bei denen wir wissen und hoch achten, was wir gemeinsam haben, aber auch genauso gut wissen, was uns trennt.

Aus »Deutschland ein Wintermärchen«:

»*Ein neues Lied, ein besseres Lied, / O Freunde, will ich euch dichten! / Wir wollen hier auf Erden schon / Das Himmelreich errichten. / Wir wollen auf Erden glücklich sein, / Und wollen nicht mehr darben; / Verschlemmen soll nicht der faule Bauch, / Was fleißige Hände erwarben. (...) Ja, Zuckererbsen für jedermann, / Sobald die Schoten platzen! / Den Himmel überlassen wir / Den Engeln und den Spatzen.*«

Und als letztes Heines »Doktrin«:

»*Schlage die Trommel und fürchte dich nicht, / Und küsse die Marketenderin! / Das ist die ganze Wissenschaft, / Das ist der Bücher tiefster Sinn. / Trommle die Leute aus dem Schlaf, / Trommle Reveille mit Jugendkraft, / Marschiere trommelnd immer voran, / Das ist die ganze Wissenschaft. / Das ist die Hegelsche Philosophie, / Das ist der Bücher tiefster Sinn! / Ich hab sie begriffen, weil ich gescheit, / Und weil ich ein guter Tambour bin.*«

Lieber Georg, bleib uns auch weiterhin ein guter Tambour!

Literatur:

Adorno, T.W.: Negative Dialektik. Frankfurt/M.: Suhrkamp 1990 - Brito, M.: Wohin gehen die geträumten Dinge? Aus dem ›Buch der Fragen‹ von Pablo Neruda mit Antworten von Kindern aus Chile. Bremen: Atlantik 1997 - Benjamin, W.: Geschichtsphilosophische Thesen.

Psychoanalytische Pädagogik
Wilfried Datler, Helmuth Figdor, Johannes Gstach (Hg.)
Die Wiederentdeckung der Freude am Kind
Psychoanalytisch-pädagogische Erziehungsberatung heute
Psychosozial-Verlag

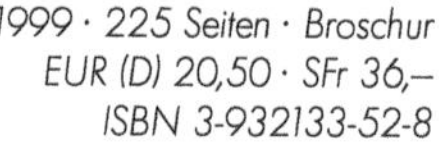

1999 · 225 Seiten · Broschur
EUR (D) 20,50 · SFr 36,–
ISBN 3-932133-52-8

Was tun, wenn Eltern mit ihren Kindern nicht mehr zurecht kommen? Wie kann man die Sorgen und Nöte verstehen, mit denen diese Eltern ebenso zu kämpfen haben wie die Kinder?

Dieses Buch zeigt, in welcher Weise die unbewusste Bedeutung von Eltern-Kind-Problemen erschlossen und in die Beratungspraxis Eingang finden können. Darüber hinaus werden die Grundlagen und Grundzüge psychoanalytisch-pädagogischer Erziehungsberatung dargestellt und anhand zahlreicher Fallbeispiele diskutiert.

2002 · 222 Seiten · Broschur
EUR (D) 19,90 · SFr 34,90
ISBN 3-89806-165-5

Nahezu unbemerkt hat sich eine neue pädagogische Leitvorstellung etabliert: die Selbständigkeit des Kindes. Doch wie ist die erzieherische Norm der Selbständigkeit einzuschätzen? Welche Form von Selbständigkeit kann als sinnvolle Herausforderung oder aber als unsinnige Überforderung gelten? Welche Entwicklungsprozesse von Kindern können besser verstanden werden, wenn man sie als Prozesse der Selbstbildung und des Selbständig-Werdens begreift? Sind Kindheit und Kindlichkeit nur noch Störfaktoren auf dem Weg der fortschreitenden Modernisierung oder doch ein Raum der besonderen kindlichen Subjektivität, die des Schutzes und der Fürsorge bedarf?

In: ders. : Zur Kritik der Gewalt und andere Aufsätze. Frankfurt/M. (Suhrkamp) 1965 - Bloch, E.: Thomas Münzer als Theologe der Revolution. Frankfurt/M. Suhrkamp 1985 (a) - Bloch, E.: Atheismus im Christentum. Frankfurt/M. Suhrkamp 1985 (b) - Fried, E.: Gesammelte Werke. 4 Bde. Berlin: Wagenbach 1993 - Jewtuschenko, J.: Fuku! Poem. Berlin: Volk und Welt 1987 - Jonas, H.: Das Prinzip Verantwortung. Frankfurt/M.: Suhrkamp 1984 - Marx, K. Einleitung zur Kritik der Hegelschen Rechtsphilosophie. MEW Bd. 1. Berlin/DDR (Dietz) 1974, 201-333 - Sève, L.: Marxismus und Theorie der Persönlichkeit. Frankfurt/M.: VMB 1973 - Shklar, J.: Über Ungerechtigkeit. Berlin: Rotbauch 1992 - Sölle, D.: Lieben und arbeiten. Eine Theologie der Schöpfung. Stuttgart: Kreuz 1975 - Sölle, D.: Leiden. Stuttgart: Kreuz 1989 - Sölle, D.: Gibt es ein atheistisches Christentum? In: dies.: Das Recht auf ein anderes Glück. Stuttgart: Kreuz 1992, 53-72

Anschrift des Autors: Prof. Dr. Wolfgang Jantzen,
Schillerstr. 33, 27711 Osterholz-Scharmbeck
E-Mail basaglia@aol.com

* * *

Behindertenpädagogik, 45. Jg., Heft 1/2006, Seite 011

Matthias Schnath

Menschen mit Behinderungen: Die Spiegel der Normalität

Kritik der aktuellen »Leitbilder« der Behindertenpolitik

Im ersten Halbjahr des Dritten Jahrtausends unserer Zeitrechnung schickte sich eine von einer rot-grünen Mehrheit im Bundestag getragene Bundesregierung an, zügig und entschlossen einen »Paradigmenwechsel« in der Behindertenpolitik gesetzlich zu verwirklichen. Selbstbestimmung und Teilhabe[1] sind die Losungen, die in die Regelungen eines neu zu beschließenden Sozialgesetzbuch Neuntes Buch - SGB IX - einfließen; und noch während der Diskussion im Gesetzgebungsverfahren wird eine weitere Gesetzgebung zur gesellschaftlichen Gleichstellung von Behinderten angekündigt[2]. Es geht darum, diese Gesetzgebung zu erörtern und zu verstehen.

Noch vor allen Einzelheiten lohnt es, die mit diesem Szenario bereits ganz abstrakt angedeuteten, zwar nicht unbekannten, jedoch in ihrer eigenen Bedeutung nicht immer ausreichend gewürdigten Umstände von Politik und Lebenslage der als »Behinderte«[3] definierten und angesehenen Zeitgenossen festzuhalten und zu analysieren. Festzustellen ist nämlich:

---

1 Vgl. die Begründung - Allgemeiner Teil - des ursprünglichen Gesetzesentwurfes der Fraktionen der SPD und BÜNDNIS 90/DIE GRÜNEN, BT-Drucksache 14/5074, S. 92.

2 Vgl. jetzt Entwurf eines Gesetzes zum Schutz vor Diskriminierung BT-Drucksache. 15/4538 und dazu Rechtsdienst der Lebenshilfe - RdL - 2005, 3.

3 Im folgenden werden die Begriffe „Behinderte", „Menschen mit Behinderungen", „behinderte Menschen" synonym und ohne Präjudiz gebraucht; zur Bedeutung und Bewertung von *political correctness* als Anliegen und Mittel der Behindertenpolitik vgl. unten zu

Menschen mit Behinderungen bedürfen durchweg, oft nicht nur vorübergehend, *staatlicher Hilfen*. Das spiegelt sich darin, dass Mittel der Behindertenpolitik zunächst das Sozialgesetzbuch, also das Sozialleistungsrecht und seine Reform ist.

Daraus folgt umgekehrt, dass die *unmittelbare gesellschaftliche Situation* von Menschen mit Behinderungen, und das ist nicht zuletzt, vielleicht sogar zuerst ihre ökonomische Lage, geprägt ist durch den *Ausschluss* von Mitteln ihrer Lebensbewältigung und -verwirklichung. Teilhabe erfordert staatliche Hilfen, weil ihre Mittel unmittelbar gesellschaftlich nicht zur Verfügung stehen.

Selbstbestimmung, die Ausrichtung der Hilfen auf die eigene Definition seiner Interessen und Bedürfnisse durch den Betroffenen, ist auch in der Bemessung und Organisation staatlicher Hilfen *keine Selbstverständlichkeit*, sondern steht in Gegensatz zu anderen Zwecken. Deswegen rückt Selbstbestimmung in den Rang eines *Paradigmas*, einer Leitidee, an denen als selbstverständlich unterstellte, aber entgegengesetzte andere Maßgaben auszurichten sind.[1]

Aus staatlicher, politischer Sicht wird die gesellschaftliche Situation von Behinderten als Problem von *Leitbildern* wahrgenommen. Der Ausschluss von Lebenschancen wird betrachtet als Sache und Resultat von gesellschaftlichen Zuschreibungen[2]. Dies ist bekannt unter den Stichworten Diskriminierung und *Anti-Diskriminierungsgesetzgebung*[3]. Gesetzgebung will mehr sein als Abgrenzung, Zuordnung und/oder Bedienung von Interessen.

Das gilt es zu würdigen.

I. Die gesellschaftliche Praxis Behinderung

»Der Alltag behinderter Menschen ist in besonderem Maße durch die Aufgabe der dauerhaften Bewältigung zumeist umfänglicher und anhaltender Belastungen gekennzeichnet.« (Beck 1998, 273) Es ist zudem jedermann klar, dass leistungsgeminderte Mitbürger es schwer haben, gültigen, weil in der Bundesrepublik praktizierten Maßstäben gesellschaftlichen Erfolgs nachzukommen. In Familie, Schule, Öffentlichkeit und Wissenschaft wird diese Tatsache der Erfahrung in eine Wesensbestimmung überführt mit Begriffen wie »Leistungs-« oder »Wettbewerbsgesellschaft«. Bereits Kinder müssen das zu übernehmen lernen, sich zur Gewohnheit werden lassen, wenn es in der Grundschule darum geht, Leistungsvergleiche durch Notengebung zu akzeptieren. Die Welt des Erwerbs wird

---

1 Die unverminderte Aktualität des Themas Selbstbestimmung (vgl. z.B. Hagen 2001, S. 20 - 23, und DHG Tagungsband 2004) im behindertenpädagogischen Diskurs belegt, wie unzureichend sie tatsächlich durchgesetzt ist.

2 Die diskriminierenden Folgen eines begrifflichen Konstruktes „Behinderung" werden in der Pädagogik bisweilen als das eigentliche Problem definiert. Solche zu einiger Popularität gelangten konstruktivistischen Positionen (z.B. Feuser 1996, Palmowski 1997), nach denen Behinderung weniger eine objektive Tatsache, sondern eine gesellschaftlich durchgesetzte Wahrnehmungskategorie darstelle, relativieren tendenziell die materiellen Erschwernisse eines Lebens mit Behinderungen.

3 Vgl. oben Fn. 2.

ohnehin als reiner Leistungsvergleich interpretiert.[1] Selbst- und Fremdwahrnehmung gehorchen in Bewunderung und Verachtung Kriterien von Erfolg und Tüchtigkeit; die Psychologisierung der Werbung, die Kulte des *life-styles* geben das Thema in all seinen Variationen wieder. Guter Inhalt solchermaßen er- und gelebten Leistungsgedankens ist ein vermeintlich *positiver* Konnex von *willensgetragener Leistung, nämlich Anstrengung*, und *Erfolg*, auf der Basis als gleichsam naturnotwendig vorgestellter gesellschaftlicher Unterschiede mit den Endpunkten Oben und Unten. Eine erste Erschütterung gibt diese Gedankenwelt freilich bereits mit ihrer Psychologisierung zu erkennen: Ginge es nur um das Maß der eigenen Anstrengung, wäre die Wendung in die Subjektivität, im Sinne einer vorhandenen und vorausgesetzten *Fähigkeit zur Leistung*, überflüssig. Die Prüfung im Einzelnen ergibt mehrere Verwechslungen:

1. Leistung ökonomisch: Der negative Zusammenhang von Anstrengung und Einkommen

Gesellschaftlicher Erfolg, das geltende Gütekriterium von Teilhabe, ist gebunden an Verfügung über *Geld*: Für Geld ist - nahezu - alles, ohne Geld ist - nahezu - nichts zu bekommen. Das gilt allemal für die Banalitäten, die die Sicherstellung des *Lebensunterhalts* beinhalten und erfordern. Alltäglich und praktisch wird Geld dabei als Tauschmittel wahrgenommen; völlig unproblematisch, weil gerecht; denn im Tausch ist gewährleistet, dass Gleichheit gewahrt, also niemand übervorteilt wird. Dafür sorgt schon die *Form des Tausches*, in der die Aushandlung des Preises Sache von Verhandlungen ist, in der die Autonomie der Tauschenden, die selbstbestimmte Wahrung ihres Nutzens, garantiert scheint. Freilich: Diese Autonomie ist ihrerseits mehr als eine bloße Angelegenheit der Form, des gegenseitigen Respekts. Es ist auch eine Sache der vorhandenen Mittel: Preisvergleiche und -verhandlungen sind rational - frei an die Möglichkeit gebunden, den Vergleich von Leistung und Gegenleistung nach beiden Seiten offen zu halten, im Zweifel also auch das teurere und bessere Angebot dem billigeren, nämlich weniger Geld gegen schlechtere Leistung enthaltenden Angebot[2], vorzuziehen. Wechselseitige Nutzengarantie qua Tausch verträgt sich daher nicht mit Not, die den wie auch immer begründeten *Zwang* zum Tausch beinhaltet[3]. Fairer Tausch setzt Freiheit der Mittel, des Vermögens voraus. Er verträgt sich nicht mit Armut - und genauso wenig mit der anderen Form des Zwangs zum Tausch: dem Monopol. Die dem Tausch unterstellte Fairness wirft damit die Frage nach den Quantitäten und Qualitäten, daher nach den Quellen des Tauschmittels »Geld« auf. Das sind im Hinblick auf die Notwendigkeiten des Lebensunterhalts die *Einkommensquellen*.

Die allgemeine, praktizierte und erfahrene Vernunft des Einkommenserwerbs heißt: Mache Dich nützlich! Sie nimmt Bezug auf den Umstand, dass all die Güter des

---

[1] Zur kritischen Funktionsbestimmung von Leistungslernen in der Schule vgl. Homfeldt, Schulze-Krüdener 2001.

[2] Das Wort billig hat nicht von ungefähr diese doppelte Bedeutung.

[3] Dieser Sachzusammenhang liegt der Entwicklung eines ganzen sog. Verbraucherschutzrechts zugrunde.

täglichen Bedarfs zu produzieren und ständig zu reproduzieren sind; sich dabei nützlich zu machen, einen entsprechenden Beruf auszuüben, ist die Quelle des Einkommens, deswegen zutreffend auch *Erwerb* genannt. Gelderwerb erfolgt als Angebot von Diensten gegenüber »der Wirtschaft«, als welche die Produktion aller notwendigen Güter und Dienstleistungen existiert; auch das ist in der Form von Tausch und Markt organisiert. Fairness und Autonomie des Tausches zeigen sich hier allerdings von einer auch und eher unerbittlichen Seite:

Die Unternehmen, die zusammen die Wirtschaft ausmachen, konkurrieren ihrerseits um eine Nachfrage, nämlich die Nachfrage nach den Gütern des täglichen Bedarfs und der Nachfrage nach den in der Produktion laufend oder periodisch zu ersetzenden Mitteln. Deswegen produzieren sie nicht nur schlichtweg notwendige und nützliche Güter und Dienstleistungen. Sie produzieren vielmehr *Preise*; sie sind bemüht, gefragte Güter unter dem Preis der Mitkonkurrenten herzustellen. Sie benutzen daher das Angebot an Produktionsfaktoren, um *Kosten* zu minimieren. Diese Kosten sind fest, sofern es um die in der Produktion einzusetzenden sachlichen Güter geht; einmal zu bestehenden Marktpreisen gekauft, muss das hergestellte Produkt diese Kosten einspielen. Etwas anderes gilt von den Kosten, die für die in der Produktion einzusetzende Arbeit entstehen. Auch für sie muss ein Preis ausgehandelt sein - nur: mit diesem Preis steht noch nicht fest, welche Leistung dafür während der Arbeitszeit abgeliefert wird. Das ist Sache zweckmäßiger, nämlich kostensenkender Organisation der Produktion. Je besser es dabei gelingt, bei gegebenen Kosten mehr herzustellen, desto günstiger für die Position am Markt. Unternehmer sind daher interessiert, den Einkauf von Arbeit mit dem Ziel zu gestalten, für möglichst wenig Geld möglichst viel Verfügungsrechte über den Einsatz der Arbeitskraft zu erwerben. Sie kaufen genau genommen nicht Arbeit, sondern Verfügung über Arbeitskraft.

Der Formalismus des Tausches, die Autonomie der Tauschenden, respektiert dieses Interesse. Derjenige, der Erwerbsarbeit anbietet, muss nicht sich selbst verkaufen - das wäre Sklaverei. Er kann und darf mit seiner Arbeitskraft und damit rechnen, wie er sie anbietet. Freilich auch nur damit. Seine spezielle »Ware« hat eine qualitative Besonderheit, die mit den genannten Stichworten »Not« und »Monopol« ganz treffend charakterisiert sind:

Derjenige, der auf den Einsatz seiner Arbeitskraft zum Erwerb angewiesen ist, kann nicht - wie Unternehmen - in eine lukrativere Branche wechseln, also statt auf Pflege und Angebot seiner Arbeitskraft auf ein gewinnträchtigere Produktion setzen. Er *muss* daher verkaufen und kann allenfalls auf im Einzelfall günstigere Angebote für immer ein und dieselbe Ware setzen.

Günstige Modifikationen der Nachfrage nach Diensten in Rechnung gestellt, so gehorchen solche Angebote doch im Prinzip immer demselben ökonomischen Kalkül: Kostensenkung der Unternehmen durch Steigerung der Arbeitsleistung. In diesem durchgängigen Kalkül der Unternehmen hat das Angebot an Arbeitsdiensten mit einem Monopol zu tun. Das Monopol besteht in dem Eigentum an sachlichen Mitteln der Produktion, die einen Einsatz der Arbeitskraft ohne vorherigen Verkauf verunmöglichen.

So gibt es im Ergebnis nicht nur unterschiedliche Einkommensquellen, als welche bisher die Einkommen aus Erwerbsarbeit und Produktivvermögen zur Sprache gekommen sind. Der Unterschied dieser beiden Einkommensquellen beinhaltet einen

Gegensatz: Gewinne der Unternehmen, aus denen nicht zuletzt das Einkommen ihrer Eigentümer bezahlt wird, stehen im gegensätzlichen Verhältnis zum Einkommen der Beschäftigten.[1] Und nicht nur zu deren Einkommen; vielmehr ist der Gesamteinsatz der gesellschaftlich angebotenen Arbeit zur Produktion aller notwendigen Güter und Dienstleistungen an die Voraussetzung gebunden, dass Unternehmen als maßgebliche Subjekte der Wirtschaft mit ihrem Vermögen wachsen. Ihre Gewinnkalkulationen und -notwendigkeiten bestimmen, was an Produktion und Versorgung stattfindet. Es war einmal üblich[2], diesen sachlichen Zusammenhang mit dem Wort »Kapitalismus« zu charakterisieren; eine Wortwahl, die weniger wegen ihres theoretischen Gehalts, als vielmehr wegen befürchteter politischer Konsequenzen tabuisiert wurde. Wichtiger als die Wortwahl ist aber der sachliche Zusammenhang.

Der sachlich-funktionale, nämlich ökonomische Zusammenhang hat für die Bedeutung von »Leistung« als Mittel der individuellen Lebensgestaltung mehrere praktische Folgen:

Ohne Leistung droht nacktes Elend (- falls nicht ausnahmsweise auf bloßem Eigentum beruhendes Vermögen vorhanden ist). Das Anbieten von Dienstleistungen ist durchweg *die* Voraussetzung des Lebensunterhalts.

Mit Leistungswilligkeit ist über den Lebensunterhalt noch nicht entschieden. Sie zählt, sofern sich ein Anwender findet; und wenn er sich findet, ist sie seinem Kostenkalkül ausgeliefert.

Der an Kostengesichtspunkten orientierten Nachfrage nach Arbeit zu möglichst minimalen Entgelten lässt sich durch vermehrtes Angebot an mehr oder besserer Arbeit nur bedingt entgegenwirken: Vermehrtes Angebot von Arbeit wirkt preissenkend.

Was gesellschaftlich notwendig ist, bestimmt sich unmittelbar ökonomisch nach der Entwicklung des Marktes und der dort vorhandenen zahlungsfähigen Nachfrage nach *gewinnversprechenden* Produkten und Dienstleistungen. Vieles von dem, was nützlich oder sogar notwendig ist, wird deshalb erst einmal *nicht produziert*. Solche Notwendigkeiten sind jedermann bekannt: Umweltpflege, Schule, Gesundheitswesen und dergl. mehr.

Viel von dem, was an gesellschaftlich sonst noch notwendiger *Arbeit* geleistet wird, wird *nicht bezahlt*, ist also ökonomisch gleichgültig und deswegen stets gefährdet. Der ganze Bereich der sogenannten »Familienarbeit« gehört hierher, wo viel, sogar sehr viel, vielleicht sogar gesellschaftlich überwiegend gearbeitet wird - nicht nur ohne positive, sondern mit negativen Auswirkungen auf den wirtschaftlichen Status der Familie, die weniger Arbeit am Arbeitsmarkt anbieten kann.

Und auch das gibt es: Einkommen ohne Leistung. Es die Kehrseite des Regiments fremdnütziger Leistung, dass Einkommen aus reinem Geldvermögen bestritten werden.

Es ist klar, dass »Behinderte« von der privatnützigen Ökonomie fremder Arbeit doppelt negativ betroffen sind: Ein erhöhter Bedarf allein bei der Organisation und Behauptung der Alltagsnotwendigkeiten, des Lebensunterhalts, fällt mit verminderter

---

1 Diese Schlussfolgerung erscheint angesichts der inzwischen zur Gewohnheit gewordenen Meldungen aus der deutschen Wirtschaft inzwischen nahezu banal.

2 - und ist es z.B. in den angelsächsischen Ländern immer noch -

Leistungsfähigkeit zusammen. Dieses Schicksal teilen Menschen mit Behinderungen wegen des ökonomischen Grundes mit Alten, Eltern, Kranken, Kindern und allen anderen sozialen Gruppen, deren Lage ökonomisch dadurch bestimmt ist, dass ihre Arbeitskraft (noch) nicht (mehr) wie erwartet verfügbar ist. Das ökonomische Schicksal Behinderter spiegelt die Kriterien der ökonomischen Normalität.

2. Leistung gesellschaftlich: Der Fundamentalismus der Eigenverantwortung

a) Die landläufigen Vorstellungen von diesen sachlich-ökonomischen Zusammenhängen zeichnen sich dadurch aus, dass sie einerseits das ökonomische Prinzip bejahen, das Streben nach wirtschaftlichem Erfolg durchaus anerkennen, Reichtum schätzen und sogar bewundern, andererseits die ökonomischen Zusammenhänge von Reichtum und Arbeit kurzschlüssig ignorieren: Die Frage, ob sich nämlich die erbrachte Leistung lohnt, Aufwand und Ertrag in einem im Rahmen sachlicher Notwendigkeiten zweckmäßigen Verhältnis stehen, wird ganz den Vorgaben bestehender Notwendigkeiten der Geldproduktion ausgeliefert. Diese Gleichgültigkeit fasst sich in einer einfachen Verdrehung zusammen: Der Umstand, dass die mit dem Einkommen feststehenden Mittel zur Teilhabe am gesellschaftlichen Reichtum allemal hergestellt und herzustellen sind, eben Arbeit erfordern, ist ausgelöscht in der Fixierung auf das Ergebnis der Einkommensverteilung: Das Einkommen ist Ausdruck der Leistung, zeigt im nachhinein, welcher notwendige Beitrag geleistet wurde. Der ökonomische Blick wird damit auf eine ökonomische Metaphysik verpflichtet: Das erworbene Geldeinkommen selbst ist dogmatisch Beurteilungskriterium der Nützlichkeit der eigenen Anstrengung. Was dabei eigentlich wie genau an Nutzenzusammenhängen existiert und funktioniert, ist ausgeblendet; das Regiment des Geldeinkommens verbietet die banal-zweckmäßige und pragmatisch-ökonomische Betrachtung nach Aufwand, dessen zweckmäßiger Gestaltung und dessen unmittelbar sachlichem Ertrag.

Aus dem Umstand, dass *ohne* Angebot eigener Dienstleistungen ein Einkommen nicht zu haben ist, wird so das Verdikt, dass das Einkommen geltende Auskunft über Qualität und Quantität *eines Beitrags zu dem Gemeinschaftswerk Geldproduktion* erteilt. Der ökonomische Gegensatz zwischen Arbeit und Reichtum, der den geschilderten Gesetzmäßigkeiten des Arbeitsmarktes durchaus zu entnehmen ist, wird unterlegt mit der Vorstellung einer Gemeinsamkeit, eines Zusammenwirkens der Gegensätze. Der einfachste, allgemeine und abstrakte Name für diese Gemeinsamkeit sind »das Unternehmen«, vor allem aber »die Nation«. Die Wahrnehmung der ökonomischen Zusammenhänge ist so gekennzeichnet durch eine - im Ursinn des Wortes - politische Überlagerung, ihrer vorurteilsbehafteten Interpretation als Leistung an einem Gemeinwesen.[1]

Die Notwendigkeiten und Nöte des Gelderwerbs, die Erfolg und Misserfolg nach Maßgabe »des Marktes«, keineswegs aber nach einem berechenbaren Maßstab eigener Anstrengungen bewirken, werden damit durch ein kontrafaktisches, gegen alle

---

[1] Die Kritik dieser praktischen und theoretischen Entökonomisierung der Ökonomie hat der aufgeklärte Marxismus in dem Schlagwort des „*wissenschaftlichen* Sozialismus" auszudrücken sich bemüht.

Erfahrungen aufrechterhaltenes, als solches bloß moralisches Vorurteil wahrgenommen, dessen Alltagsfassung man wie folgt beschreiben kann: Zum Gelderwerb mache Dich nützlich, bereichere Dich durch Angebot Deiner Leistungen, und das erzielte Geld gibt Dir Auskunft, in welchem Maße Du Dich nützlich gemacht hast. Das moralisierende Moment dieser Vorstellung wird darin deutlich, dass mangelnder Erfolg in mangelnde Nützlichkeit gegenüber »der Allgemeinheit« (- worin diese auch immer bestehen mag -) übersetzt ist. So erklärt sich das Phänomen, dass die aufgeklärte, Reichtum und Wohlstand verpflichtete »bürgerliche Gesellschaft« von Anbeginn einer Beschwörung des Arbeitsethos, einer »Sittlichkeit des Arbeitens« verpflichtet war[1]. Die jeweiligen Namen und Formulierungen dieses Arbeitsethos sind der Inbegriff jener eigentümlichen Vermengung von anerkannten Interessen und Moralität, die das bürgerliche politische und moralische Selbstbewusstsein prägen.[2] Die Zusammenfassung dieser Momente findet sich in der Rede von der *Eigenverantwortung.*

Die Spiegelung des Fundamentalismus der Eigenverantwortung auf behinderte Mitmenschen bringt den doppelten Maßstab hervor, mit dem sich Behinderte im gesellschaftlichen Alltag in den Haltungen des Mitleids und der Verachtung konfrontiert sehen: Verachtung bringt den Gesichtspunkt mangelnder Nützlichkeit, das Mitleid den Gesichtspunkt mangelnder Möglichkeiten bürgerlichen Erfolgs in Anschlag.

b) Die Ausgestaltung des irrational-fundamentalistischen, nämlich nicht an Zweckmäßigkeiten orientierten Widerspruchs zwischen Individualinteressen respektierender Verheißungen und allgemeinwohlbezogener Verpflichtungen unterliegt mannigfaltigen historischen und politischen Zufälligkeiten; jeder moderne Nationalstaat mit kapitalistischem Ehrgeiz hat hierin seine eigene Geschichte und kulturellen Gewohnheiten. In der Bundesrepublik überwiegt die fundamentalistische Betonung der Leistung; das wird an der Sozialpolitik noch nachzuweisen sein.[3] Zuvor aber einige Anmerkungen zur Ausgestaltung des allgemeinbildenden Bildungswesens, in dem die gesellschaftlich notwendige geistige Grundausstattung gewährleistet wird:

Es ist nicht erst seit erneuten Presseveröffentlichungen[4] bekannt, dass es in der Bundesrepublik mehrere Millionen Menschen gibt, die nicht oder nicht hinreichend des Schreibens und Lesens mächtig sind. Dieser Umstand beruht keineswegs auf mangelndem Schulbesuch, etwa infolge einer mangelhaften Durchsetzung der allgemeinen Schulpflicht. Analphabetismus ist nicht von ungefähr auch ein Produkt von Schule eingedenk dessen, dass es in der Schule von vornherein um *Leistungslernen* geht. Selbst die Aneignung einer elementaren Kulturtechnik wie des Schreibens ist unter das Kriterium des Bestehens im Leistungsvergleich gestellt. Dessen praktischer Inhalt ist bekannt: Wer nicht mithält, wird nicht versetzt. Zwar

---

1 Vgl. bereits Hegel (1970), §§ 186 ff.; Weber (1975).

2 Zur politischen, an nationalen Machtinteressen orientierten, damit offenkundig ideologischen und ständigen Neukonstruktionen dieser beiden Seiten vgl. etwa Tony Blair: Dritter Weg, zweiter Akt, in: Süddeutsche Zeitung vom 23.03.2001, S. 11.

3 vgl. unten zu

4 - mit denen eine Kampagne zur Alphabetisierung durch Arbeitsverwaltung und Volkshochschule angekündigt wurde.

wird er deshalb nicht aus der Betreuung entlassen: Er bleibt ja zunächst nur sitzen, kommt dann vielleicht auf die Sonderschule, und könnte theoretisch vielleicht sogar die Hauptschulzeit verlängern, wenn es bis Ende der Schulpflicht mit dem Schreibenlernen nicht geklappt hat. Diese Möglichkeit bleibt indes nicht von ungefähr eine theoretische. Grund ist die Doppelbödigkeit der Botschaft, die die Schule dem Schüler mit ihre Bildungspflicht per Leistungsvergleich vermittelt, an ihren doppelten und widersprüchlichen Maßstäben:

Einerseits mach die Schule ein Bildungs-, ein *Wissens*angebot. Diese Aussage hat einen Gehalt: Was es zu lernen gibt, ist allgemein, verständig, vielleicht sogar vernünftig, deswegen *einsehbar, nachvollziehbar,* unter Umständen sogar *wichtig.* Dieser Gehalt wird unterstrichen im Leistungsgedanken mit ihm eingeschriebenen Aussage: Die Aneignung ist allein *Sache des Willens* zum Nachvollzug, zum Lernen des jeweiligen, als verständig unterstellten Stoffs. Insoweit behauptet die Schule von sich: Den Stoff sich aneignen kann jeder, wenn er sich nur auf den Stoff einlässt.

Andererseits ordnet die Schule das Lernen dem Leistungsprinzip unter; weil es beim Lernen entscheidend auf den Leistungsvergleich ankommt, wird dem Unterricht das bewusst entschiedene Verhältnis des Schülers zum Stoff nachrangig: Der Stoff steht fest, wird durchgezogen und irgendwann abgeprüft. Ob das eine Erweiterung des nachvollzogenen und deshalb verstandenen Wissens ist, der Schüler das Gelernte kritisch prüfend ins Verhältnis zu bereits vorhandenen Vorstellungen gesetzt hat, tritt hinter das Kriterium abzuprüfenden Wissens zurück. Glück haben da nur diejenigen mit gewitzten Eltern, Großeltern oder älteren Geschwistern, die den sachlichen Zugang nachholen oder vorbereiten. Schüler dagegen, die von vornherein keinen inhaltlichen Zugang haben oder später den Anschluss verlieren, können für eine Weile, vielleicht sogar bis zum Abitur durch Pauken *auswendig gelerntes Wissen* ansammeln. Von dessen Gegenständen bleiben sie unberührt, vergessen deshalb auch Vieles bis Alles. Dennoch kennen sie einen guten Grund zum Mitmachen: Sich im Leistungsvergleich bewähren. Das einzige, was sie sich in der Schule dann wirklich zu Herzen genommen haben, ist der Gedanke von *Leistung als Anstands- und Erfolgsregel.*

Schüler, die *diesen* Maßstab der Schule übernehmen, sich anstrengen, und dann durch ihre Noten Versagen bescheinigt bekommen, resignieren. Sie resignieren nahezu notwendig, weil ihnen durch Fixierung ihres Verstehens und Erlebens auf das Leistungsprinzip der Blick auf die einzig sachgerechte Frage versperrt wird: Was habe ich eigentlich warum noch nicht verstanden? Von solchen Fragestellungen habe sich die sog. »problembelasteten Schüler« weit entfernt. Sie empfinden Lernen angesichts dessen, dass sie »ihre bisherige Schullaufbahn als Aneinanderreihung von Niederlagen erlebt«[1] haben, als Zumutung und reagieren mit Schulverweigerung oder gar Gewalt und Vandalismus.[2]

Die schulische Wissensvermittlung per Leistungslernen schafft eine Haltung des Schülers, der Wissen fremd und die dem Lernen hinderlich ist. So produziert die Schule »seelische Behinderung«.

---

1 Tillmann 1999, S. 150.

2 Vgl. Scherr 2004, S. 552 f.

Die anti-aufklärerische Moralisierung des schulischen Lernens durch den Maßstab eigenverantwortlicher Leistung bringt (- zusammen mit der ökonomischen Praxis der Einkommensgewährung nach Maßgabe kostensenkender Beiträge zum Geldwachstum durch Arbeit[1] -), freilich eine weitere Bildungsleistung zuwege, die das Bild wissender, neugieriger, aufgeschlossener Jugendlicher endgültig zu einem niedlichen Ideal herabsetzt: den Kult des erfolgsgarantierenden Selbstbewusstseins[2].

3. Leistung psychologisch: Rassistischer Symbolismus

Die banale Wirklichkeit des wirtschaftlichen Vergleichs im Arbeitslebens und des Wissensvergleichs in der Schule ist in der Apodiktion der Eigenverantwortung kontrafaktisch verzerrt. Die eigene Anstrengung erweist sich im Ergebnis *nur bedingt* als Mittel, wird aber, weil notgeboren einziges, als *das* Mittel festgehalten. Dieses Vorurteil aufrechtzuerhalten, ist eine intellektuelle Herausforderung; dass sie bewältigt wird von allen Schichten und Gruppen, beweist, wie sehr der Geist sich allenthalben betätigt, wie wenig die soziale und individuelle Lage also mit geistigen (Un-)fähigkeiten zu tun hat. Anders formuliert: Das Ausmaß der Verbreitung der *Idee der Begabung* ist deren eigene Widerlegung, weil es nicht ganz einfach ist, nämlich einigen geistigen Aufwand beinhaltet, sie zu akzeptieren. Ihr Ausgangspunkt ist der Umstand, dass weder in Schule noch in Wirtschaft die versprochene Identität von Anstrengung und Erfolg sich im Ergebnis ohne weiteres einstellt, der Erfolg also (noch) andere Kriterien als die Leistung hat. Diese Erfahrung will geistig bewältigt sein; die gedanklichen Alternativen sind entweder die Frage nach der Qualität des *gesellschaftlichen* Vergleichs, dem die Leistung ausgesetzt ist, oder aber: der Rückbezug aufs *Individuum*. Der Begriff für diesen Rückbezug ist Leistungs*fähigkeit*, er ist der theoretische und motivationale Lückenbüßer für die handgreiflichen Disparitäten von Anstrengungen und Ergebnissen. Seiner logischen Konstruktion nach ist auch dieser Begriff schlechte Metaphysik, Denken vom Nachhinein, vom Ergebnis her, der Rückschluss von einem Phänomen auf einen Grund, der nicht mehr besagt als eben Grund für das Phänomen zu sein. Das Phänomen ist das Auseinanderfallen von vorgestelltem Mittel Leistung und seinem Zweck Erfolg; der Glaube an die Geltung des Zusammenhangs wird betätigt durch die Vorstellung, der Erfolg habe sein Maß nicht nur an der Leistung, sondern an einer ihr vorausgesetzten Fähigkeit zur Leistung. Die Kategorien der Leistungsfähigkeit, pädagogisch: der Begabung, bringen es so zustande, das gesellschaftliche Verhältnis des Leistungsvergleichs, das zu bewältigen dem Willen aufgegeben ist, in die Vorstellung einer vorgegebenen, letztlich »natürlich« vorhandenen Eigenschaft des Individuums zu überführen. Der zutreffende Namen für ein so schlussfolgernd Verfahren heißt *Rassismus*[3].

---

1 Dies das Prinzip nicht nur der „Entlohnung“ von Arbeit, sondern auch des Einsatzes von Kredit, der als Zins arbeitsfreies Einkommen garantiert.

2 Die problematischen Folgen für das Selbstbewusstsein schulischer Notenkonkurrenz ausgesetzter Jugendlicher zeigt Nüberlin 2002, insbesondere S. 229 ff.

3 Der Biologismus des *rechten* Denkens wird wegen seiner Konsequenzen in der demokratischen Diskussion bemerkt, ohne die theoretischen Nöte und Übergänge der ganz gewöhnlichen Alltagsmoralität in ihm ausmachen zu können, vgl. nur Sierck: NORMalisierung, passim.

Dieses Glaubensgebäude hat es in sich: Die falsche Abstraktion, die darin begründet liegt, jeder Leistung eine *dahinter* liegende Fähigkeit eigener, nicht in der Leistung selbst liegenden Art zuzuschreiben, belässt es nur zum Teil bei dem dem Glauben zukommende Funktion des falschen Trostes, des Sich-Abfindens mit dem Rückgriff auf einen guten, wenn auch falschen Grund. Dem Glaubenssatz entspricht der Zweifel, weil der Glaube das Bekenntnis als seinen letzten einzigen Grund *weiß,* und die Bewältigung des Zweifels verlangt nach *Bestätigung*, nach abstrakter Vergewisserung durch Anerkennung und gemeinsames Bekenntnis. So kommt es zur Kultur der Selbstbespiegelung, der allgemeinen Überhöhung aller letztlich banalen Betätigungen von Geist und Willen in den Ausdruck eigener Fähigkeiten. Selbst der religiöse Glaube darüber die Karriere zu einem psychologischen Funktionalismus erleben müssen, der Glaube an Gott wird mit seiner psychologischen Nützlichkeit begründet und entsprechend erfahren. All die Phänomene, die soziologisch als »Individualisierung«, psychologisch als »Narzissmus«, alltäglich als »Konsumgesellschaft« verhandelt werden, haben den konkreten geistigen Gehalt: Glaube an das jenseitige Fähigkeits- Ich, den das konkrete Individuum in all seinen Lebensäußerungen bedient sehen will. Der Alltag wird zur Stilfrage.

Die Selbst- und Fremdwahrnehmung in diesem Sinne selbstbewusster Individuen ist so auf eine prinzipielle Art unsachlich über die dem moralischen Denken eigenen Züge hinaus. Vielmehr werden die gedanklich einfachen Zusammenhänge der Interessen in Familie, Freizeit und Beruf nicht nur den Anstandsregeln des Sollens und Dürfens, sondern den Kriterien selbstbildbezogener, willkürlicher Ich-Entsprechung unterworfen. Gutes Leben mit seinen Notwendigkeiten entrückt als einfach geltende Handlungsmaxime; psychologische und psychologisierende Prinzipienreiterei mit ihren willkürlichen Fallen ist wichtig. »Selbstbestimmte« Verkehrsteilnehmer, Kollegen, Sports- und andere Freunde produzieren Konflikte der eigenen Art.

Behinderte stören im Kulturbetrieb der selbstbewusst-ehrgeizigen Unterordnung unter die »Wettbewerbsgesellschaft«. Mit ihrem schlicht vorhandenen Bedarf an Hilfe erinnern sie allenthalben an Abhängigkeiten, die der Kult der Selbstverwirklichung verdrängen will; die hier offenkundige individuelle Hilfsbedürftigkeit wird zur Peinlichkeit. Darin spiegeln sie die Nöte der alltäglichen Lebenslügen.

II. Behinderung politisch: Hilfen zur Menschenwürde

Behinderte erfahren also unmittelbar gesellschaftlich potenzierte Ausgrenzung: Schon dem Funktionalismus der Nutzung kostensenkender Arbeit der kapitalistischen Geldproduktion kommen sie noch schwerer als andere nach; dadurch bedingte größere Armut kombiniert sich mit größerem Bedarf zu einer unmittelbar prekären, Existenz bedrohenden Lebenslage. Zudem droht »kultureller«, nämlich in der Kultur des untertänigen Stolzes begründeter weiterer Ausschluss. Behinderte, ihre Angehörigen, Freunde und Interessenvertreter haben also allen, vor allem aber: einen guten Grund, unbeeindruckt ihren Zeitgenossen die moralisierenden und falschen Projektionen des Verdienstes, des Pflichtenbewusstseins und der Metaphysik des Ichs zurückzuspiegeln, dagegen den Standpunkt der Individualität und des Brauchens geltend zu machen. Die erfrischende Frechheit der einstigen Krüppelbewegung erinnert daran.

Wahr ist allerdings auch, dass ein solcher Befreiungsschlag gegen Vorurteile an den Lebensumständen unmittelbar nichts oder nur wenig ändert. Auch bei Änderung von Einstellungen bleibt es zunächst bei dem Diktat des Leistungsvergleichs am Arbeits›markt‹, der allenthalben und nicht nur gegenüber Behinderten Ausschluss von Lebensnotwendigkeiten und -möglichkeiten einschließt. Ohne staatliche Korrekturen, also Korrekturen mit den Mitteln der Macht, sei es im Wege des gesetzlichen Zwangs oder der enteignenden Umverteilung von Geld, ist Überleben nicht gesichert. Behinderte - wie Andere - bleiben auf die Taten des *sozialen Staates* angewiesen; die unmittelbaren gesellschaftlichen Interessen gewährleisten Teilhabe nicht einmal in einem bescheidenen Sinne. Es ist zur Gewohnheit geworden, die Konsequenzen der kapitalistischen Dynamik in der Vorstellung aufzuheben, dass die Taten des sozialen Staates deren Beherrschung erlaubten. Politik wird dabei in der Gewissheit staatlicher Allmacht vorgestellt als die handelnde Vernunft, die sich auf eine jenseits und unabhängig von ihr bestehende gesellschaftliche und wirtschaftliche Entwicklung gestaltend bezieht. Das ist nicht zutreffend, vielmehr ein Bild, das einem vorgegebenen Staat-Bürger-Verhältnis entspringt: Die Abhängigkeit von *sozial*staatlichen Hilfen impliziert ihrerseits bereits die Vorgaben *staatlichen* Handelns; das sind die strukturellen Notwendigkeiten des Politischen, die jenseits der Sozialpolitik in den Eigenarten des *Rechts*staats, des *Steuer*staats und des *demokratischen Parlamentarismus* begründet sind.

1. Die Struktur des Politischen

a) Rechtsstaat: Verrechtlichung oder: Die Auftrennung der Gesellschaft in Person und öffentliche Gewalt

Der Rechtsstaat gilt als Fortschritt, gar als fortschrittlicher Endpunkt der Geschichte des Staates, weil er kraft Selbstverpflichtung der staatlichen Gewalt auf Recht und Verrechtlichung im Wege der Gewaltenteilung und -kontrolle den Willen seiner Untertanen respektiert und auf einen Totalitarismus des Staates verzichtet. Diese Vorstellung geht bis zu dem Punkt, unter Herrschaft allein »willkürliche« Herrschaft zu verstehen, und dem Rechtsstaat das Moment des Herrschaftlichen schlicht abzusprechen. Das ist angesichts der Machtfülle der staatlichen Institutionen auch im Rechtsstaat natürlich naiv - was die Idee selbst bekundet: Die Selbstverpflichtung staatlicher Gewalt wäre keines Lobes, sondern eher eines Schmunzelns wert, wenn Gewaltmittel nicht allgegenwärtig wären. Was in der Tat bleibt, ist die Verrechtlichung der Machtentfaltung, und die hat durchaus ihren eigenen sozialen Gehalt. Es geht nicht allein um ein Staat-Bürger-Verhältnis, sondern zugleich um das Verhältnis *der Menschen zueinander*: Dieses taucht in der Konstruktion der Staat-Bürger-Beziehungen als *negatives* auf.. Das rechtsstaatliche Gewaltmonopol verpflichtet und ermächtigt die Individuen, sich als *Personen* aufeinander, als reine Träger von Rechten und Pflichten zueinander zu beziehen, also ihre unmittelbaren Abhängigkeiten zu leugnen, statt dessen privatmächtig zu nutzen. Person korrespondiert daher nicht von ungefähr Eigentum und Vertragsfreiheit.[1] Dem Staatsbürger einerseits entspricht der (Markt-)Bürger andererseits.

Aufgrund dieser Auftrennungen ist die Kategorie »Gesellschaft«, wie sie im öffentlichen Bewusstsein und akademisch ausgearbeitet in der Soziologie vorliegt, streng genommen eine falsche Abstraktion. Der Zusammenhang der sozialen Interessen wird nämlich als solcher, unmittelbar, weder praktisch noch theoretisch wahrgenommen. Der Zusammenhang der sozialen Interessenexistiert vielmehr konkret doppelt und getrennt: Einmal im Geld als Ergebnis und Gegenstand der Konkurrenz um private Verfügungsmacht über die gesellschaftliche Arbeit, das andere Mal im Staat als abstrakte politische Gewalt, zuständig für die Sicherung der Privatmacht überhaupt, aber auch für die herrschaftliche Garantie des allgemein-nützlichen Zusammenwirkens der Privatinteressen als privater, sich wechselseitig ausschließender. »Person« als das grundsätzliche Rechtsverhältnis ist also durchaus doppelsinnig - Ermächtigung zu privatnütziger Betätigung, unterwerfender Bezug auf die allgemeinen Notwendigkeiten derselben in der Gesetzgebung des Staates. In beiden Bedeutungen jedoch ist enthalten die Gleichgültigkeit gegen die Individualität: Die gesellschaftliche wie die politische Freiheit ist abstrakt. Sie verlangt die Relativierung individueller Interessen an Geldvermögen und Staatsgehorsam; darin besteht die allgemeine, staatsbürgerliche Gleichheit.

b) Steuer- und Schuldenstaat: Der politische Respekt vor dem Wachstum des Geldes

Die typische formale Freiheit mit ihren scharfen Gegensätzen der Privaten untereinander und des Privaten gegenüber dem staatlich zu verwaltenden Allgemeinwohl hat zum allgemeinen sozialen Inhalt das Wachstum privaten Eigentums, bilanziert als Wirtschaftswachstum der nationalen Gemeinschaft. Auf diesen Inhalt verpflichtet sich der Rechtsstaat als Steuer- und Schuldenstaat mit der hohen staatsrechtlichen Bedeutung des parlamentarischen Budgetrechts, der Idee nach die Kontrolle der Staatsausgaben durch die im Parlament repräsentierten gesellschaftlichen Interessengruppen. Steuerstaat bedeutet dabei: Der Staat ist nicht selbst Subjekt eines Interesses an Bereicherung und Wachstum, sondern er enteignet qua Steuern einen Teil des privaten Geldreichtums zur Wahrnehmung der allgemeinen Notwendigkeiten. Dabei gelten qua Haushaltsrecht die Grundsätze der Sparsamkeit und Zweckgebundenheit, festzulegen im Wege politischer Ermessensentscheidungen.

Die Alternative zur Steuer ist die Finanzierung der Einnahmen durch Schulden; Staatsverschuldung als Mittelbeschaffung auf dem Kapitalmarkt respektiert dabei ebenso die Sachgesetzlichkeit des bürgerlichen Erwerbs, weil das Zinsversprechen die Bindung an das Wachstum privaten Reichtums beinhaltet. Je prekärer die Bilanz des nationalen Wachstums in der politischen Selbstwahrnehmung, desto deutlicher und unwidersprechlicher erhält deswegen der »Finanzierungsvorbehalt« den Rang der

[1] Auf eine abstrakt-politologische Art bringt die Neue Politische Ökonomie in Erinnerung, dass die Vorstellung der herkömmlichen Wirtschaftsanschauung, es gebe hier einen apolitischen Markt, dort politischen Bezug auf denselben, sich über den Umstand hinwegsetzt, dass der Markt durchaus feste, politisch gesicherte Institutionen voraussetzt.

allentscheidenden politischen Handlungsbedingung, desto erdrückender aber auch die Ausrichtung aller Politik auf die Notwendigkeiten des Wachstums.[1]

c) Demokratie: Die politische Produktion von Legitimität

Der Fortschritt des Gemeinwesens in seinen Gegensätzen von Arbeit und Eigentum, Privat- und Allgemeinwohl ist so insgesamt abhängig von einer Betätigung aller gesellschaftlichen Interessen, die bei der Verfolgung des eigenen Wohls im ausschließenden Gegensatz zu allen anderen Interessen sich stets auf ihre Relativierung durch die politische Hoheit einlässt. Rechtlich existiert diese Relativierung einmal im Unterworfensein unter das staatliche Gewaltmonopol, das allgemeine Gewaltverhältnis. Gefragt ist aber nicht nur Untertanenschaft, sondern auch die bewusste Zustimmung dazu als Garant der eigeninteressierten Wahrnehmung aller gegensätzlichen sozialen Rollen. Staatsrechtlich ist die Untertanenschaft daher demokratisches Volk, Träger der Staatsgewalt.[2] Die Vermittlung der gegensätzlichen Pole des modernen Staatswesens sind die Parteien, die »Transmissionsriemen« der Demokratie, die alle besonderen Interessen in Alternativen des Allgemeinwohls, des nationalen Wohls übersetzen.

Aus der Perspektive des Individuums nimmt sich dieser Zusammenhang in den Verheißungen der *Menschenrechte* seinen Ausdruck. Ungeachtet ihrer jeweiligen nationalen Ausprägungen ist ihnen gemeinsam die Aufnahme der wichtigsten sozialen Interessen und Formen staatsbürgerlicher Willensbekundungen in ihren Themenkatalog. Was dabei und deswegen allzu leicht gedanklich verloren geht, ist allerdings der Umstand, dass der so geäußerte staatliche Respekt ein »im Prinzip« beinhaltet, das die Menschenrechte unschwer als bewusste Idealisierung erkennen lässt. Juristen lernen das als Frage nach den *Grundrechtsschranken*: Lässt sich ein Interesse einem Grundrecht zuordnen, so bedeutet das noch lange nicht, dass es damit auch gilt. Die Zuordnung bedeutet vielmehr allein, dass dieses Interesse nach Maßgabe des Verhältnismäßigkeitsgrundsatzes, nämlich im Verhältnis zu den Notwendigkeiten und Erforderlichkeiten des gemeinen Wohls, beschränkt werden darf. Die Menschenrechte sind daher in einem dogmatischen Sinne mit wenigen Ausnahmen[3] in ihrer Funktionsweise keine »Rechte«, sondern *Werte*. Ihre Logik ist die der Dialektik von Idealismus und Realismus, von guter Absicht und Notwendigkeiten »der Verhältnisse«. Ihre jeweilige Reichweite ist ganz von den staatlich ausgemachten Notwendigkeiten des nationalen Wohls regiert.

d) Der Sozialstaat: Funktionalisierende Betreuung von Volk und Volksempfinden

Es kommt nicht von ungefähr, dass auch der freie Staat der Marktwirtschaft um die Hälfte des erwirtschafteten Volkseinkommens keineswegs der Verwendung nach den Gesetzen des Marktes überlässt, sondern für Staats-, kommunale und parafiskäre

---

[1] In Staaten mit desaströsen Bilanzen, dieser Tage etwa in Argentinien, finden Verfahren des Notstandsregimes deswegen national und international Anerkennung. Zur aktuellen Wirkung des „Haushaltsarguments" in der Behindertenpolitik vgl. Schnath (2005).

[2] Das Bundesverfassungsgericht bestimmt das Volk deswegen als „Staatsorgan", BVerfGE 83, 60 (Ausländerwahlrecht).

[3] So z.B. die Verbote von Folter und Todesstrafe, die eindeutig und absolut sind.

Haushalte konfisziert und wiederum verteilt. Schon das beweist, wie sehr die ökonomische »Vernunft« des Marktes ihre eigenen Grundlagen nicht zu sichern vermag. Nicht einmal der arbeitende Teil der Bevölkerung ist in die Lage versetzt, seine Arbeitsfähigkeit und deren Erhaltung zu finanzieren: Kindererziehung und -betreuung, Ausbildung, Wohnen, gesundheitliche Versorgung, Transportmittel, alles bedarf staatlicher Umverteilung, und die bürokratische Ausgestaltung des Systems der öffentlichen Sicherheit von Umwelt, Lebens- und Arzneimitteln, Heimen, nahezu allen anderen denkbaren Gewerben in zahlreichen Aufsichtsämtern, zuletzt die entsprechende Formulierung von Straftatbeständen, offenbaren den bis zur Boshaftigkeit gesteigerten Gegensatz der gesellschaftlichen Interessen. Der Soziale Staat ist allgegenwärtig, von der Wiege bis zur Bahre wird das Mitglied des Gemeinwesens in seiner privat-autonomen Freiheit geschützt, unterstützt, betreut, kontrolliert.

Durchaus freiheitsgerecht, ist der generelle Maßstab sozialstaatlicher Betreuung die Ermöglichung und das Erzwingen *gesellschaftsnützlicher Eigenverantwortung*. Keine soziale Hilfe, die nicht beide Momente in sich trüge: eine entsprechende nationale Bedarfsdiagnose zum einen, die Not aller möglichen Gruppen, diesem Bedarf eigennützig gerecht zu werden zum anderen, führen zu entsprechender Sozialgesetzgebung. Die institutionalisierten Pole der Eigenverantwortung sind *Erwerbsarbeit und Familie*. Es gibt wohl kein deutsches Sozialgesetz, das die Rückspiegelung aller ökonomischen Unsicherheit auf das betroffene Individuum unter den Losungen Arbeit u. Familie nicht zu erkennen gäbe. Nicht von ungefähr ist Familie in allen Nationalstaaten ein bleibendes wertkonservatives Thema, an dem sich das staatspolitische Bedürfnis nach Betreuung eines Volksbewusstseins realisiert, das nationale Vorgaben der persönlichen Existenz in privater Verantwortung bereitwillig, ja sogar stolz, bewältigt. Familienpolitik aller möglichen politischen couleurs gibt kund, die Familie genau darin fordern zu wollen, deshalb auch auf die Grenzen der *Überforderung* zu rechnen.

2. Behindertenpolitik

Theoretisch und praktisch ist es nicht ganz einfach, den Umgang mit Behinderten im Dualismus von Gesellschaft und Politik einzuordnen. Theoretisch besteht die Schwierigkeit darin, dass es allenthalben um Wertfragen, um Fragen der Ethik und des ethischen Selbstverständnisses geht, um das sich Öffentlichkeit, Interessengruppen, Parteien und Wissenschaft versammeln. Praktisch ist diese Einordnung schwierig, weil genau darin zum Ausdruck kommt, dass Menschen mit Behinderungen in ihrem konkreten Hilfebedarf weder den gesellschaftlich gültigen Maßstäben der Bedürfnisbefriedigung nachkommen noch den funktionalistischen Prinzipien des sozialen Staates gehorchen können.

Fest steht damit erstens, dass Behinderte zwar *staatlicher* Hilfen bedürfen, dass zweitens aber in diesen staatlichen Hilfen ein *abstraktes*, nämlich von praktizierten gesellschaftlichen Gegensätzen unabhängiges, *politisches Wertebewusstsein* sich geltend macht. Das macht die Lage von Behinderten außerordentlich prekär, weil die Konjunkturen des Demokratischen, der Produktion von Legitimität (oben zu II.1.c)), die Behindertenpolitik tragen. Theoretisch aber lässt sich an der Behindertenpolitik der *allgemeine Stand der Sache des Individuums* erkennen. Das mag ein Trost sein: Menschen mit Behinderungen stehen insoweit überhaupt nicht allein. Sie haben wie Alle mit der *politischen Definition der Individualität* zu tun. Der Erfolg behindertenpolitischen Interessenvertretung wird nicht zuletzt davon abhängen, das zu verbreiten. Im folgenden soll dies an einigen Normen der behindertenpolitischen Diskussion nachgezeichnet werden.

a) Menschenwürde - ein Strukturbegriff

Die Menschenwürde, die Art. 1 des Grundgesetzes als höchste Leitnorm der Bundesrepublik errichtet, ist unantastbar, die Herabwürdigung, die Verachtung, die Demütigung von Menschen demnach unfassbar und unvorstellbar, »unmenschlich«. Dennoch wird niemand leugnen, dass in der Bundesrepublik nicht nur Menschen mit Behinderungen herabgewürdigt, verachtet und gedemütigt werden. Ein Widerspruch ist das nur aus der Sicht des moralischen Sollens, gleichwohl erklärbar. Das Recht auf Achtung der Menschenwürde verleitet zu Missverständnissen:

aa) Würde

Jedermann wünscht sich Respekt; Achtung seiner Überlegungen, Bedürfnisse und Interessen. Das ist banal und essentiell zugleich, weil Interessen anderenfalls im Miteinander nicht zum Zuge kommen. Handlungslogisch ist Würde so als Bedingung bestimmt, als *notwendige Bedingung* für die Verwirklichung eigener Ziele. Nichts ist damit gesagt über das Gelingen solcher Ziele, außer eben, dass sie nicht behindert werden. Würde und Wohl sind nicht identisch. Sie verhalten sich sogar gegensätzlich-komplementär in Bildern, in denen jemand ein Übel »in Würde« erträgt.

Die Bedeutung des Begriffs »Würde« geht über ein Achtungsgebot hinaus. Würde begründet das Respektsgebot mit Anleihen - schon etymologisch - an einen Wert, an die Bedeutung des Handelnden. Es gibt deswegen durchaus ein Mehr und Weniger an Würde, das sich nicht aus den jeweiligen Zielen und Handlungen des Gewürdigten selbst begründet, sondern als Idealität der Person vorausgesetzt ist; es geht nicht nur um Achtung von Vorhaben, sondern um *Hoch*achtung der *Person* jenseits ihres konkreten sozialen Schicksals. Die abstrakte Würde jedes Einzelnen »als Menschen« gibt sich so als Idealisierung gesellschaftlicher Unterschiede und Machtverhältnisse zu erkennen.

bb) Menschenwürde

Das dem Begriff der Würde innewohnende Moment der moralischen und moralisierenden Differenzierung ist eingefangen durch ihren zugleich universellen und egalitären Bezugspunkt: *der Mensch schlechthin.* Achtung und Anerkennung sollen dem Menschen gerade nicht wegen seiner jeweiligen Bedeutung und/oder Stellung, sondern überhaupt und um seiner selbst willen zukommen. Damit ist ein Gegenpunkt errichtet gegen alle praktischen und wertenden ausschließlich instrumentell-funktionalisierenden Denk- und Handlungsmuster. Das die Verheißung des Begriffs.

Das Eigenartige dieser Verheißung ist die in ihr enthaltene Abstraktion. Man mag es bewerten, wie man will - Tatsache ist, dass die Menschen nicht von ihrem Menschsein leben und ihr freies Streben regelmäßig und überwiegend auf Konkretes gerichtet ist. Die Abstraktion »Mensch« sieht ab von Bedürfnissen und Absichten des individuellen Menschen. Die verhießene Achtung ist deswegen aus dieser Perspektive leer. Das bedeutet freilich nicht, dass sie ohne Gehalt wäre. Die leere Abstraktion hat ihren Sinn und ihr Gewicht im Negativen, im Abwehrenden: Die Verheißung ist um so wichtiger, je mehr wechselseitiges Funktionalisieren und Benutzen erfahrener und gelebter Alltag sind. Darin bietet Menschenwürde in der Tat Schutz. Freilich, und auch das gehört zu ihr: Sie lässt das Individuum ebenso praktisch wie in der moralischen Bewertung allein in einem gesellschaftlichen Zusammenhang, der als Problem der Selbstbehauptung wahrgenommen und ausgedrückt ist.

cc) Rechtlicher Schutz der Menschenwürde

Art. 1 Abs. 1 GG verpflichtet alle staatliche Gewalt auf die Achtung und den Schutz der Menschenwürde; »darum bekennt sich das Deutsche Volk zu unverletzlichen und unveräußerlichen Menschenrechten als Grundlage jeder menschlichen Gemeinschaft«, Art. 1 Abs. 2 GG.

Es mag hier nicht um die auffällige Identifizierung von menschlicher Gemeinschaft schlechthin, staatlicher Gewalt und »dem Menschen« gehen; ebenso wenig um die staatsgerichtete Bedeutung der Menschenwürde, die totalitärer Herrschaft entgegensteht. Vielmehr ist zu erläutern die Überführung der begrifflich-normativen Verheißung von Menschenwürde in die hier angedeutete institutionalisierte Beziehung von Individualität und Gesellschaftlichkeit einerseits, Menschenwürde und staatlicher Gewalt andererseits. Sie fasst sich zusammen in der Konstitution der bürgerlichen Wettbewerbsfreiheit als Prinzip der Gesellschaft und Behauptung von deren Identität als staatliche Gemeinschaft:

Die Würde des Menschen erhält im gesellschaftlichen Raum ihr personales Moment in den »unverletzlichen und unveräußerlichen Menschenrechten« der Vertragsfreiheit (Art. 2 Abs. 1 GG), der beruflichen Betätigung im Wettbewerb (Art. 12 Abs. 1 GG) und deren gesellschaftlich gültiges Maß im Vermögen als Inbegriff aller Rechte und Ansprüche (Eigentum, Art. 14 Abs. 1 GG). Fundamentale Voraussetzung des Wettbewerbs sind der Schutz der Integrität von Person (Art. 2 Abs. 2 GG) und Freiheit der Willensbildung (wiederum Art. 2 Abs. 1 GG); sie schließen eine unmittelbar private Verfügungsmacht des Menschen über den Menschen[1] aus. Gleichwohl ermöglichen die Freiheiten der wirtschaftlichen Konkurrenz nicht nur Gegensätze und Unterschiede im gesellschaftlichen Raum, sie machen sie geradezu notwendig. Die schärfste Ausprägung dieses Gegensatzes ist der zwischen Eigentum und Arbeit.

Die Einheit dieses Gegensatzes der wirtschaftlichen Konkurrenz als besondere Form der Gesellschaftlichkeit ist der Bezug Aller auf die freiheitsstiftende, nämlich -gewährende und -erzwingende, darin selbst einheitliche staatliche Gewalt. Die »menschliche Gemeinschaft« des Art. 1 Abs. 2 GG ist die Gemeinschaft Aller in ihrer Stellung als Staatsbürger.

---

[1] Die elterliche Sorge als Restbestand feudaler Abhängigkeitsverhältnisse im Familienverband ist die Ausnahme; hier tritt das Wächteramt des Staates nicht umsonst zur Wahrung der Kindesinteressen hinzu.

b) Materielle Exklusion und ideelle Integration

Es ist die theoretische Ohnmacht liberaler Lehren, das mit Menschenwürde und Menschenrechten angekündigte gesellschaftliche Programm einerseits als politisches, also verfügbares und rationaler Diskussion zugängliches Verfahren zu kennzeichnen, andererseits zu meinen, bei funktionalistischen Begründungsmustern verbleiben zu können. Gleich in welcher Variante, handelt die politische liberale Idee von der Identität von individuellem und rechtlich gesetztem marktbürgerlichen Interesse, indem sie konstruiert, die Wahrnehmung von Wettbewerbsinteressen konstituiere ein Wirtschaftswachstum, das - notwendigenfalls über staatliche Umverteilung - Raum für die Betätigung aller individuellen Interessen lasse. Diese Konstruktion ist als Legitimation notwendig unzureichend. Sie vermag Umverteilung nämlich nicht zu begründen: Einerseits behauptet sie die Gemeinnützigkeit der Wettbewerbsinteressen, damit aber zugleich, dass der Erfolg im Wettbewerb als solcher gerechtfertigt ist, umgekehrt der Misserfolg an mangelnder Gemeinnützigkeit liegt. Dann aber gibt es keinen Grund für Umverteilung. Oder aber sie hält an der prinzipiellen Berechtigung auch von Interessen fest, die im Wettbewerb nicht vorkommen oder notwendig unterliegen; dazu müsste sie ihr ordnungspolitisches Grunddogma aufgeben, zumindest relativieren.

Die Legitimation des Wettbewerbs unter Rekurs auf das individuelle Wohl kommt so nicht umhin, auf unökonomische Zusammenhänge zurückzugreifen - ohne vom Wettbewerb als ökonomischem Sachverhalt zu lassen. Die Kehrseite ist, dass ausgerechnet das individuelle Wohl, das zugestandene, selbstverständliche und alltägliche Streben nach Verwirklichung von Bedürfnissen und Interessen, einer Rechtfertigung bedarf, die nicht ökonomisch sein kann. Dieser Bezugspunkt ist die ideelle Integration der gesellschaftlichen Konkurrenzgegensätze und der objektiv nur staatsbürgerlichen Gleichheit zur »menschlichen Gemeinschaft«, wie es in Art. 1 Abs. 2 GG heißt; dieser Standpunkt ist und bleibt darin »idealistisch«, als er die mit den Wettbewerbsrechten freigesetzten ökonomischen »Notwendigkeiten« als Sachnotwendigkeit installiert. Die »menschliche Gemeinschaft« existiert daher in der Dialektik von materieller Exklusion im und durch Wettbewerb einerseits, in dem staatlich-rechtlich inszenierten Bild von Gemeinschaft der Individuen, ideelle Integration, andererseits.

Das *Bundesverwaltungsgericht* hat diese Überlegungen in seiner berühmten ersten Entscheidung zum Fürsorgerecht im Jahre 1954 (BVerwGE 1, 159, 161 f.) wie folgt zum Ausdruck gebracht:

»Die unantastbare, von der staatlichen Gewalt zu schützende Würde des Menschen (Art. 1) verbietet es, ihn lediglich als Gegenstand staatlichen Handelns zu betrachten, soweit es sich um die Sicherung des »notwendigen Lebensunterhalts« ..., also seines Daseins überhaupt, handelt. Das folgt auch aus dem Grundrecht der freien Persönlichkeit (Art. 2 Abs. 1). ... Mit dem Gedanken des demokratischen Staats (Art. 20) wäre es unvereinbar, dass zahlreiche Bürger, die als Wähler die Staatsgewalt mitgestalten, ihr gleichzeitig hinsichtlich ihrer Existenz ohne eigenes Recht gegenüberständen. Auch der Gemeinschaftsgedanke, der in den Grundsätzen des sozialen Rechtsstaates (Art. 20 und 28) und der Sozialgebundenheit des Eigentums (Art. 14 Abs. 2) Ausdruck gefunden hat, erschöpft sich nicht in der Gewährung von materiellen Leistungen, sondern verlangt, dass die Teilnehmer der Gemeinschaft als

Träger eigener Rechte anerkannt werden, die grundsätzlich einander mit gleichen Rechten gegenüberstehen (vgl. auch Art. 3), und dass nicht ein wesentlicher Teil des Volkes in dieser Gemeinschaft hinsichtlich seiner Existenz ohne Recht dasteht. Endlich ist auch das Grundrecht auf Leben und Gesundheit (Art. 2 Abs. 2) Ausfluss jenes Grundgedankens.«

Die Dialektik von materieller Exklusion und ideeller Integration bedeutet also nicht, dass die ideelle Integration mit bloß ideellen Mitteln, also der erzieherischen Pflege eines gehorsamen Untertanenbewusstseins, erfolgte; »ideell« zielt nicht auf die Leugnung materieller Hilfe. Vielmehr geht es um den allgemeinen und abstrakten Maßstab solcher Hilfen: Materiell gestützt wird das Individuum nicht nach Maßstab seines Bedarfs, sondern nach Maßstab der Glaubhaftigkeit des Bildes von menschlichem Zusammenhalt, das seinen Urheber und Sachwalter in der staatlichen Gewalt hat. Sozialpolitik hat daher immer etwas Idealistisches, auch: Ideologisches.

c) »Anti-Diskriminierung«: Ein doppelter und doppeldeutiger Vergleich

Gerade deshalb kann Sozialpolitik auch nicht umhin, »anti-kapitalistisch« zu wirken, sich nicht auf die mit der kapitalistischen Konkurrenz gegebenen Ergebnisse und Notwendigkeiten zu beschränken. Eine ganz andere Frage ist es, ob und inwieweit Sozialpolitik in ihrer notwendigen Ideenproduktion sich einen Moment von Wahrhaftigkeit bewahrt und den praktischen Gegensatz von kapitalistischem Wachstum und Wahrung von dessen funktionellen und legitimatorischen Notwendigkeiten durch das politische Wirken des Staates bekennt. In der Redeweise vom »Rheinischem Kapitalismus« war das der Fall; ausgerechnet die »modernisierte« Sozialdemokratie hat sich seit Jahr und Tag daran gemacht, diese Redeweise als »traditionalistisch« zu überholen. Statt des Gegensatzes von Arbeit und Kapital, der Benennung von gesellschaftlich mächtigen Interessen unter der Leitlinie ihrer Verantwortung gegenüber der »Allgemeinheit«, geistesgeschichtlich[1]: statt der Behauptung der Wahrung der politischen Vernunft durch den Staat im ungeordneten, egoistischen Kampf der gesellschaftlichen Interessen, sind nunmehr »Eigenverantwortung«, »Zivilgesellschaft«, »schlanker« und/oder »aktivierender Staat« die Ideologeme.

In der behindertenpolitischen Diskussion entspricht diesem Ideenwechsel das Schlagwort »von Fürsorge zu Selbstbestimmung«; darauf wird näher einzugehen sein. Zunächst aber soll allgemein der gedanklichen Konstruktion einer Anti-Diskriminierungsgesetzgebung nachgegangen werden.

Es ist nicht zu verkennen, dass die sozialen Lagen der Wettbewerbsgesellschaft sich an die Fersen bestimmter Gruppen heften, und das nicht von ungefähr: Ausländer, Frauen und Behinderte genügen den Anforderungen des ökonomischen Leistungsvergleichs aus unterschiedlichen Gründen weniger als Andere. Was sie trifft, ist die durch den Wettbewerb geschaffene und reproduzierte soziale Lage; im wesentlichen geringeres Einkommen wegen fehlenden beruflichen Erfolges, begründet durch schulische Auslese/schlechte Qualifikation, familiäre Bindungen/schlechte Verfügbarkeit, behinderungsbedingte schlechte körperliche und/oder geistige

1 anknüpfend an die hegelianische, sozialdemokratisch von Lassalle formulierte Ideologie.

Fähigkeit zu fremdnütziger Leistung. All diese sozialen Lagen sind »objektiv«, sie bestehen unabhängig davon, in welchem persönlichen Schicksal sie sich niederschlagen. Ihr Grund besteht in dem im Arbeitsmarkt existenten ökonomischen Leistungs-/Kostenvergleich. Das festzuhalten ist zunächst wichtig, weil individuelle Kompensationsstrategien stets nur auf Verdrängungsmechanismen setzen, dem Individuum selbst im Erfolgsfalle nur bedingt nützen, weil sein Erfolg mit Verschärfung des Wettbewerbs erkauft ist.

Unter dem Gesichtspunkt der »Diskriminierung« werden diese sozialen Lagen unter Hinweis auf die von ihnen betroffenen Gruppen auf eine klagsame und theoretisch eigenartige Art identifiziert: Der praktische ökonomische Vergleich wird erstens in einen »sozialen« Vergleich transponiert, die unterschiedlichen sozialen Lagen damit ihres wirklichen und wirksamen Vergleichsmaßstabes und Grundes entkleidet. An seine Stelle tritt ein fiktiv-idealistischer, in der Klagsamkeit des Urteils auch als solcher eingestandener Maßstab von »sozialer Gleichheit«. Während sich dieser Gesichtspunkt der sozialen Gleichheit in überbrachter sozialdemokratischer Manier noch mit dem Rekurs auf objektive Lebenslagen verträgt, geht das »Diskriminierungs«-Konzept einen Schritt weiter: Es behandelt die Lebenslagen als Resultat willkürlicher, bloß noch durch Einstellungen bedingter Ausgrenzungshandlungen der Gesellschaft. Sein tragender theoretischer Begriff ist »Vorurteil«, sein ideelles Sehnen »political correctness«, seine politische Wirkung die Verbannung der sozialen Frage aus dem öffentlichen Bewusstsein.

Nun lässt sich die subjektiv praktizierte Ausgrenzung nicht leugnen; es wird schon so sein - Stammtische und Öffentlichkeit geben dafür genügend Anhalt -, dass eine Zuschreibung von sozialen Lagen an besondere Gruppen erfolgt, die letztlich auf rassistisches Urteilen hinaus läuft: Die soziale Lage wird als Resultat von Eigenschaften dieser Gruppen, damit als gerechtfertigtes Schicksal vorgestellt. Auch unter Ausschluss psychologischer Deutungen - etwa: Wenn Frauen benachteiligt werden, muss und kann das allein daran liegen, dass sie Frauen sind -, werden diesem rassistischen Bewusstsein auch Momente gesellschaftlicher Praxis entsprechen, und es ist müßig darüber zu streiten, in welchem Maße diese Momente gegenüber den ganz funktionellen Kriterien sozialen Ausschlusses ins Gewicht fallen. Entscheidend allein ist, dass die Forderung nach Anti-Diskriminierung Grund und Inhalt von diskriminierenden Einstellungen gar nicht beikommt, ihnen in gewisser Weise sogar korrespondiert.

Der Inbegriff rassistischen Urteilens ist das stolze Selbstbewusstsein wettbewerbsverpflichteter *Untertänigkeit*[1]. Es nimmt alle soziale Differenzen auf und ist damit befasst, diese nach *moralischen* Notwendigkeiten zu rekonstruieren, nach Kriterien des Verdienstes und der Pflichtvergessenheit. Es übersetzt sich damit den struktur-funktionalen Zusammenhang von Menschenwürde in die banalen, durchweg ökonomisch funktionierenden Zusammenhänge des Alltags nach den Maßstab eines entsprechend *ideell* ausgerichteten Deutungsmusters von Berechtigungen und Verdiensten, von Abweichung und ungerechtfertigten Vorteilen. Rassistisch wird das Moralisieren, indem es die Vorhaltungen an den Willen, mit denen es stets arbeitet, in Eigenschaften, biologistisch in die »Natur« der beurteilten Individualität verlegt. Darin

[1] In Figuren wie „Ekel Alfred“ aus der gleichnamigen Fernsehserie führt sich die Öffentlichkeit eine Ahnung davon als Unterhaltung vor.

erfüllt sich das Bedürfnis nach selbstbewusstem Nachvollzug einer vorgegebenen, als nicht verfügbar erfahrenen, gleichwohl als vernünftig erscheinend gewünschten Realität.

Anti-Diskriminierung ist sich in der Akzeptanz des Bestands sozialer Unterschiede und Gegensätze mit diesem Standpunkt einig, macht gegen ihn indes den Gesichtspunkt der abstrakten Gleichheit, der *prinzipiell* gleichen Würde geltend, ist *formal egalitär*, nimmt Anstoß an der Art und Quantität der *Verteilung* auf die bestehenden sozialen Unterschiede und Gegensätze. Der transportierte Appell bedient sich eines doppelten Vergleichs:

Die Auffälligkeit des Zusammentreffens bestimmter Gruppen mit untergeordneten sozialen Lagen wird als selbstsprechend-selbstanklagendes Phänomen interpretiert unter dem Maßstab gleichen Zugangs zu »Lebenschancen«; es soll evident sein, dass davon nicht die Rede sein könne, wenn schlechte Lebenslagen stets dieselben Gruppen treffen. Wettbewerb wird damit jeden wirklichen Inhalts beraubt und als rein staatsbürgerliche Veranstaltung interpretiert. Dadurch erhalten die als unzureichend unterstellten Lebenslagen ihrerseits eine andere Bedeutung, nämlich die eines Ausdrucks mangelnder Würdigung der Betroffenen in ihrer abstrakten Individualität, im Unterschied zu ihrer im Wettbewerb tatsächlich entscheidenden sozialen Funktionalität. Nicht mehr die Lebenslage als solche ist zu inkriminieren, sondern die in ihr existente oder in sie hineininterpretierte fehlende Wertschätzung. Die Forderung nach Anti-Diskriminierung ist so eine gleichermaßen idealistische wie radikale Parteinahme für die Ordnung des ökonomischen Wettbewerbs: idealistisch, weil der Wettbewerb der Idee eines Wettbewerbs um Anerkennung subsumiert wird, radikal, weil alle Notwendigkeiten desselben und der individuellen Lebenslage dem Fundamentalismus der Anerkennung subsumiert werden.

Dieser identifizierende Vergleich ist doppelt, als die Lebenslage definiert wird durch Inbezugnahme auf eine abstrakte, letztlich: staatsbürgerliche Wertschätzung, der erhobene Anspruch auf Anerkennung gleichwohl zum Inhalt eine soziale Qualität haben soll. Die beiden Momente der bürgerlichen Existenz als sozialökonomisches Wettbewerbssubjekt, Marktbürger, und als prinzipiell und formal gleichberechtigte Person, Staatsbürger, sind zwar getrennt gedacht, aber in ihren jeweiligen Bestimmungen und ihrem Zusammenhang nicht festgehalten, sondern unmittelbar in eins gesetzt. Darin und deswegen ist der doppelte Vergleich auch doppeldeutig. Natürlich wähnen sich die Anwälte der Diskriminierten in der Lage, deren Lage verbessern zu wollen und zu können. Nur halten sie dieses Anliegen gar nicht fest; es wird vielmehr an dem Anspruch auf Achtung relativiert, damit aber die soziale Lage akzeptiert, wo sie unter Beachtung des Würdeanspruchs entsprechend den funktionellen Notwendigkeiten des sozialökonomischen Wettbewerbs sich legitimiert. Anti-Diskriminierungspolitik steht damit im theoretisch-politischen Gegensatz zu einer Korrektur der ökonomischen Dynamik durch in diesem Sinne anti-kapitalistische Politik.

Ganz schwach wird Anti-Diskriminierungspolitik, wo sie sich von vornherein nicht einmal mehr auf ein sozialpolitisches Anliegen, sondern nur noch auf staatliche Induktion von »Leitbildern« im gesellschaftlichen Raum kapriziert. Mit dem Appell an den Staat als Subjekt solcher Leitbilder wird nicht nur eine grenzenlose Ohnmacht in der Gestaltung gesellschaftlicher Kritik der beschriebenen Formationen des Rassismus bekannt; noch mehr: In dem Ruf nach staatlicher Initiative werden ausgerechnet die Momente der Untertänigkeit, die dem Rassismus zentral zu eigen sind, als Movens einer menschlicheren Gesinnung gedacht - und bestärkt: Es geht nur noch um die Beschwörung eines abstrakten Humanismus, der sich in alle funktionellen Differenzierungen sowohl der ökonomischen Dynamik als auch deren politischen Gestaltung fügt.

Nicht von ungefähr hat die Sozialpolitik darin eine ideologische Steilvorlage erhalten.

III. Von der Hilfe zum Leitbild: »Modernisierung« durch symbolische und methodische Gesetzgebung

Bezogen auf Lage und Politik der Menschen mit Behinderungen in der Bundesrepublik ergibt sich daraus folgendes: Die sozialstaatliche Betreuung erfolgt - oberflächlich betrachtet - im so genannten »gegliederten System«; Leistungsansprüche und Versorgungsformen sind rechtlich angebunden an die normalen Systeme sozialstaatlicher Daseinsfürsorge in den Bereichen der Sozialversicherung[1], der Fürsorge[2], der sozialen Entschädigung[3] und Einkommensbeihilfen[4]. In den drei typischen Formen der gesetzlichen Sozialversicherung sind dadurch die Leistungstypen stark an Medizin (GKV), Lebensunterhaltssicherung nach Erwerbstätigkeit (GRV) und Arbeitsmarkt (Arbeitsförderung) ausgerichtet. Sondertypen mit umfassenderer Versorgung bestehen dort, wo die Behinderung die Verwirklichung fremden Risikos darstellt: Volle Restitution im Rahmen zivilrechtlichen Schadensersatzes bei fremd verschuldeter Beschädigung, Umlage dieses Risiko auf die Arbeitgeber im Rahmen der GUV, staatliche Versorgung von Aufopferungen für das gemeine Wohl bei Kriegs-, Wehrdienst- und Gewaltopferentschädigung. In den letztgenannten Systemen besteht eine dem Anspruchsniveau umfassende und gute Versorgung, weil im Prinzip alle materiellen und im Ansatz auch ideelle Schäden aufgefangen sind. Gut, weil am medizinischen Bedarf ausgerichtet, ist insofern auch das Anspruchsniveau in der GKV.

1. Die Lücken und Schwächen des Systems aus der Sicht des hilfebedürftigen Behinderten

ergeben sich daraus, dass er mit seinem Hilfebedarfs auf verschiedene Zwecke bezogen ist; dabei bleiben die auf Restitution gerichteten Systeme, die den gesamten Bedarf im Blick haben, außer Betracht:

Der Zugang zu den Systemen ist durch (abhängige) Erwerbsarbeit begründet, setzt also im Prinzip Wettbewerbsfähigkeit am Arbeitsmarkt voraus.

---

1 Kranken-, Renten-, Unfallversicherung und Arbeitsförderung.

2 Grundsicherung, Sozial- und Jugendhilfe.

3 Kriegsopferversorgung nach dem BVG und Behindertenversorgung in dessen entsprechender Anwendung (z.B. Entschädigung der Opfer von Gewalttaten).

4 wie etwa Wohngeld und BAföG.

Die Leistungen der Systeme, insbesondere die Unterhalt sichernden Lohnersatzleistungen, sind am »normalen« Bedarf ausgerichtet, deswegen unzulänglich für den behinderungsbedingten alltäglichen Mehrbedarf.

Die medizinische Bedarfssicherung in der GKV ist überlagert durch eine auf Wirtschaftlichkeit gerichtete Leistungserbringung wirtschaftlich selbständiger Leistungserbringer, die bei der Bedarfsbestimmung Kosten- und Verdienstgesichtspunkte walten lassen.

Zum Teil sind diese Lücken dadurch geschlossen worden, dass die Systeme für nicht wettbewerbsfähige Behinderte »geöffnet«, die Kosten dadurch auf die abhängig Beschäftigten umgelegt wurden. Mittel sind etwa die Familienversicherung der GKV und die Versicherung von Tätigkeiten außerhalb des regulären Arbeitsmarktes sowohl in der GKV als auch in der GRV[1].

Jede weitere Hilfe ist im Prinzip Sache der familien-, nämlich unterhaltsrechtlich organisierten Eigenverantwortung, also aus Einkommen und Vermögen des Behinderten, seiner Eltern und/oder Ehegatten sicherzustellen. Dies betrifft nicht nur die erforderlichen Sachaufwendungen, sondern insbesondere auch den Aufwand an Betreuung, Erziehung, Anleitung und Unterhaltung. Zur Vermeidung von Überforderung dieser Eigenverantwortung schafft die Sozialhilfe insbesondere mit ihrer Eingliederungshilfe ein offenes, allgemein für jeden Bedarf offenes System, das freilich durchweg und auch gegenüber innerhalb der Familie zu organisierender Eigenverantwortung im Prinzip nachrangig ist. Klar ist, dass auch danach typische Defizite bleiben, legt man den individuell-ganzheitlichen Bedarf des Betroffenen und ein Interesse an »normalem« Lebensstandard und Möglichkeiten der Selbstverwirklichung zugrunde. Schwierigkeiten bestehen immer dort,

- wo in Grenzbereichen Abgrenzungsprobleme der Zuständigkeiten bestehen und daher Träger nicht ohne Grund auf fremde Zuständigkeit zur Vermeidung eigener Kosten verweisen;
- wo ein einheitlicher Bedarf bezogen auf verschiedene Systemzwecke eine kombinierte Leistung verschiedener Träger erfordert;
- wo behinderungsbedingter Mehrbedarf Schnittmengen mit »normalem« Lebensbedarf hat und sich aus diesem Grund Zuständigkeitskonflikte und Fragen nach ›Über‹kompensation stellen[2];
- wo die Zuständigkeit des Sozialhilfebedarfs wegen des Nachrangs der Sozialhilfe aufgrund der Behinderung den wirtschaftlichen Standard der Familie infrage stellen.

Diese nicht von ungefähr bestehenden Lücken im System definieren zugleich diejenigen Gruppen von Behinderten, bei denen sie zu besonderer Schwierigkeiten und Belastungen führen:

---

1 z.B. in der Werkstatt für behinderte Menschen.

2 Dieser Gesichtspunkt beginnt, die aktuelle Behindertenpolitik zu beherrschen, vgl. Schnath 2005.

- behinderte Kinder, bei denen medizinische, sei es körperliche, sei es psychotherapeutische Behandlung, Erziehung, allgemeine Förderung ihrer Entwicklung nur schwer abzugrenzen sind;
- chronisch seelisch Kranke, bei denen Therapie, allgemeine soziale Hilfen, Eingliederung in den Arbeitsmarkt und »Belastungserprobung« nur einheitlich zu erbringen sind;
- Schwerstbehinderte, die nicht beschäftigungsfähig sind, insbesondere Menschen mit Mehrfach- einschließlich geistiger Behinderungen.

Gemeinsam bleibt darüber hinaus allen Behinderten und ihren Familien, dass mangelnde Wettbewerbsfähigkeit und behinderungsbedingter Mehrbedarf Lebensstandard senkend wirken. Ebenso bleibt das gemeinsame Schicksal, im Zuständigkeitsstreit die nötige Sachkunde und Durchsetzungskraft zu entwickeln, um eine rechtlich vorgesehene Hilfe tatsächlich zu erhalten.

2. Effizienzprobleme aus staatlicher Sicht

Diese Schwierigkeiten, die das System des Behindertenrechts den Betroffenen bereitet, sind durchaus Gegenstand der Reformdiskussion; sie erschöpft sich darin aber mitnichten. Die sozialpolitische Sichtweise kennt vielmehr Steuerungs- und Effizienzprobleme, die - das Interesse des Behinderten an »Normalität« vorausgesetzt - sich mit den Interessen der Betroffenen decken, sich aber darin nicht erschöpfen, vielmehr sich mit dem Gesichtspunkt von gesellschaftlichen Kosten der Behinderung paaren:

Das gegliederte System mag Eingliederung und damit Leben aus eigenen Mitteln verhindern, wo es medizinische und/oder berufliche Rehabilitation blockiert. Solche Blockaden sind zu vermuten etwa

- an der Schnittstelle zwischen WfbM und allgemeinem Arbeitsmarkt,
- an der Verfestigung von Arbeitslosigkeit Schwerbehinderter durch Langzeitarbeitslosigkeit,
- an medizinischer Rehabilitation ohne effiziente Verzahnung mit beruflicher Rehabilitation,
- an unzureichender sozialer Rehabilitation als Unterstützung medizinischer und/oder beruflicher Rehabilitation.

Lebenserhaltende medizinische Versorgung bei Unfällen wie bei Krankheiten geht mit bleibenden Folgen einher, bei denen die persönliche Lebensführung einen gut Teil der auch im medizinischen Sinne notwendigen Behandlung ausmacht.

Die Zunahme andauernder »seelischer Behinderungen«, epidemiologisch registriert als handele es sich dabei um eine Infektionskrankheit, paart sich mit der Hoffnung, dass Eingliederung in die »Normalität« nicht nur Ziel, sondern zugleich Mittel funktionierender »seelischer Gesundheit« ist.

Gewachsene Strukturen der Leistungserbringung entfalten eine Eigendynamik, die sich Effizienzkontrolle und -vergleichen entziehen.

Schließlich zerstört eine bleibende Überforderung von Familien die begleitende und unterstützende Funktion, die von ihnen bei der Betreuung von Behinderten gefordert ist.

3. Die »Lösung«

Ihre Bedürfnisse nach weiteren und besseren staatlichen Leistungen zu den unter 1. genannten Lücken hatten die Behinderten durch ihre Interessenvertretungen im Vorfeld der Diskussion um die Neufassung des Rechts der Rehabilitation zusammengefasst in der Forderung nach einem *einheitlichen Leistungsgesetz*. So dürr juristisch sich diese Forderung anhört, so prägnant fasst sie die Gegenposition zu den Defiziten des gegliederten Systems zusammen: Individuelle Bedarfsdeckung ohne die Rückgabe von Kosten in die Familie in einem einheitliches Verfahren, nämlich durch einen Träger. Die erste grundsätzliche Entscheidung der Reform war, dieser Forderung *nicht* nachzukommen.

Vielmehr bleibt es beim gegliederten System, damit aber auch dabei, dass Behinderte ungeachtet ihrer besonderen Situation bezogen sind auf die Zwecke von Normalität, wie sie in den Systemen institutionalisiert sind. Das trifft vor allem die Mitmenschen mit sehr schweren Behinderungen. Ungeachtet von Verbesserungen im Leistungsrecht im Detail - der Schwerpunkt der Reform liegt auf der »Steuerungsebene«, die Rehabilitationshindernisse ganz im Sinne der Kosten sparenden, gelungenen Eigenverantwortung überwinden will, ohne die differenten Trägerinteressen zu überwinden, wo sie an Schnittstellen kollidieren.

Nichts einfacher, als solch technokratische Reform mit den Stichworten von Anti-Diskriminierung, von Teilhabe und Selbstbestimmung zu schmücken. Selbstbestimmung im Sinne von »Teilhabe« am Arbeitsmarkt, von Alltagsdisziplin zur Beherrschung von chronischen Prozessen, bei der Organisation des Leistungsgeschehens, wo es Trägerinteressen nicht berührt, all das passt nahtlos auf Effizienzgesichtspunkte. Dort, wo im alltäglichen Sinne Selbstbestimmung im Sinne von Selbstverwirklichung beginnt, nämlich bei der bedürfnisgerechten Gestaltung der freien Zeit jenseits der Notwendigkeiten des Broterwerbs, dort ist Selbstbestimmung nicht gefragt, sondern die Felder der sogenannten sozialen Rehabilitation, des Wohnens und der Freizeit, bleiben der Not leidenden Eigenverantwortung überlassen. Statt dessen wird mit einer moralisierenden Aufladung des Erwerbslebens über Begrifflichkeiten wie »Teilhabe am Arbeitsleben« der Arbeitsplatz nicht als Mittel der Freizeit, sondern als Inbegriff von Eingliederung vorgestellt. Es grenzt an Theater eingedenk dessen, dass allenthalben auch bei Autoren und Urhebern der Reform ein Aspekt von Behinderung im Arbeitsleben eine gute Seite zeigt: Manchem verhilft sie zum vorzeitigen Lebensabend ohne Arbeit. Diese Form von Teilhabe, nämlich an freier Zeit und verfügbarem Reichtum zugleich, kommt in der Reform nicht vor.

Literatur

Beck, I. (1998): Gefährdungen des Wohlbefindens schwer geistig behinderter Menschen, in: Fischer, U./Hahn, M./Lindmeier, C./Reimann, B./Richardt, M. (Hg.): Wohlbefinden und Wohnen von Menschen mit schwerer geistiger Behinderuing, Reutlingen, S. 273 – 299 -

Deutsche Heilpädagogische Gesellschaft (DHG) (Hg.) (2004): Strategien zur Selbstbestimmung und Teilhabe von behinderten Menschen mit hohem Hilfebedarf,

Tagungsbericht DHG-Workshop, Bonn/Düren - Feuser, G. (1996): »Geistigbehinderte gibt es nicht!« - Projektionen und Artefakte in der Geistigbehindertenpädagogik, in: Geistige Behinderung Heft 1, S. 18-25. - Hagen, J. (2001): Ansprüche an und von Menschen mit einer geistigen oder mehrfachen Behinderung in Tagesstätten, Marburg (zugl. Diss. Hamburg 2001) - Hagen, J.(2004): Verstehenszugänge im Kontakt mit Menschen mit scheren und mehrfachen Behinderungen, in: Deutsche Heilpädagogische Gesellschaft (Hg.): Strategien zur Selbstbestimmung und Teilhabe von behinderten Menschen mit hohem Hilfebedarf, Bonn/ Düren, S. 12-18 - Hegel, G.W.F. (1970): Grundlinien der Philosophie des Rechts, Stuttgart - Homfeldt, H.-G./Schulze-Krüdener, J. (2001): Schulsozialarbeit: eine konstruktiv-kritische Bestandsaufnahme, in: neue praxis 2001, S. 9 -28 - Nüberlin, G. (2002): Selbstkonzepte Jugendlicher und schulische Notenkonkurrenz: zur Entstehung von Selbstbildern Jugendlicher als kreative Anpassungsreaktion auf schulische Anomien, Herbolzheim - Palmowski, W. (1997): Behinderung ist eine Kategorie des Beobachters, in: Sonderpädagogik 27, Heft 3, S. 147-157 - Scherr, A. (2004): Jugendsoziologische und jugendpädagogische Aspekte schulischer Ganztagsangebote, in: neue praxis Heft 6, S. 552-553 - Schnath, M. (2005): Sparen und Sozialneid gegen Menschen mit Behinderungen, in: sozialmagazin Heft 2/2005, S. 24 – 33 - Sierck, U. (1995): NORMalisierung von rechts - Biopolitik und »Neue Rechte«, Hamburg - Tillmann, K.-J. u.a. (1999): Schülergewalt als Schulproblem, Weinheim/München - Weber, M. (1975): Die protestantische Ethik und der Geist des Kapitalismus, in: Die protestantische Ethik - Eine Aufsatzsammlung, Hg. von J. Winckelmann, 1. Band, 4. Aufl. Tübingen - Wittrock, M./Schulze, G. (2004): Unterrichtsabsentismus - Ein pädagogisches Thema im Schnittfeld von Pädagogik, Sonderpädagogik und Sozialpädagogik, in: Vierteljahresschrift für Heilpädagogik Heft 3, S. 282-290

Anschrift des Verfassers: Prof. Dr. Matthias Schnath,
Evangelische Fachhochschule Rheinland-Westfalen-Lippe
Immanuel-Kant-Str. 18-20, 44803 Bochum
E-mail:schnath@efh-bochum.de

* * *

Behindertenpädagogik, 45. Jg., Heft 1/2006, Seite 035

Helga Fasching

Qualitätssicherung und -entwicklung in Maßnahmen der beruflichen Integration

1. Einleitung

Das Thema »Qualitätssicherung und -entwicklung« ist ein zentrales in der sozialen Arbeit und gewinnt auch in Maßnahmen zur beruflichen Integration von Menschen mit Behinderungen eine zunehmende Bedeutung. Die Chancen der Qualitätssicherung und -entwicklung in Maßnahmen zur beruflichen Integration liegen darin, dass einerseits die Leistungen nach außen transparent gemacht werden; andererseits in der weiteren Professionalisierung der eigenen Arbeit der MitarbeiterInnen mit dem Ziel, einer allein unter Kostengesichtspunkten geführten Qualitätsdiskussion vorzubeugen (vgl. Meinhold 1998; Speck 1999; Schwarte, Oberste-Ufer 2001). Am Beispiel der beruflichen Integrationsmaßnahme Arbeitsassistenz werden einerseits aufgrund einer Ist-Analyse Qualitätskriterien schwerpunktmäßig für die Zielgruppe der Jugendlichen auf den Ebenen Prozess und Struktur zusammengefasst. Anschließend werden im Sinne einer Qualitätssicherung und -entwicklung Überlegungen für weitere Forschungen zur Arbeitsassistenz formuliert.

2. *Prozessqualität*

Das an die Arbeitsassistenz gesetzlich festgelegte Ziel, Menschen mit Behinderungen bei der beruflichen Integration zu unterstützen, stellt hohe Anforderungen an die Beratung. Obwohl dem Prozess der Beratung eine bedeutende Rolle für den Integrationserfolg zugerechnet werden kann, wird diesem in den gegenwärtigen Qualitätsdiskussionen kaum Beachtung geschenkt. Qualitätsdiskussionen konzentrieren sich primär auf das Ergebnis, den Output. Speck (1999, S. 22) spricht hierbei von der »Ökonomisierung sozialer Qualität«, eine Tendenz, bei der es vorwiegend um die »Straffung und Erhöhung der ökonomischen Effizienz bzw. die Reduzierung von Kosten im Sozial- und Gesundheitsbereich« geht. Selbstverständlich hat die Arbeitsassistenz ein Interesse an Vermittlungen. Allerdings spielt bei dieser wegen der Sicherung erreichter Arbeitsverhältnisse die Frage der Nachhaltigkeit eine größere Rolle. Damit rückt die Prozessqualität der Beratung durch die Arbeitsassistenz sehr viel mehr in den Blickpunkt.

Voraussetzung für die Qualitätssicherung und -entwicklung ist die Bestimmung von Qualitätskriterien. Durch diese sollen Aussagen darüber gemacht werden können, welchen konkreten Erfordernissen eine qualifizierte bzw. gute Beratung genügen soll. Qualitätskriterien stellen allgemeine wissenschaftliche und praktische Auffassungen dar, was unter guter Qualität zu verstehen ist. Qualitätskriterien werden als Normen (Soll-Zustände) für die Beratung in der Arbeitsassistenz vorgegeben.

Die Grundgedanken der Selbstbestimmung (vgl. Metzler, Wacker 2001) sollen dem Selbstverständnis der Arbeitsassistenz entsprechen, indem sie sich als Ansprechpartnerin versteht, die gemäß dem Prinzip der Selbstbestimmung dem/der einzelnen Jugendlichen die Hilfeanleitung gibt, die er/sie zur Realisierung seiner/ihrer beruflichen und sozialen Integration benötigt. Für die Arbeitsassistenz bedeutet dies, dass sie die Jugendlichen aktiv in den gesamten Integrationsprozess mit einbezieht.

Die Individualisierung des Beratungsangebotes soll es ermöglichen, dass bei Jugendlichen mit unterschiedlichen Problemlagen auf die jeweils individuellen Bedürfnisse, Wünsche und Fähigkeiten der einzelnen Personen eingegangen werden kann (vgl. Metzler, Wacker 2001). Die Jugendlichen werden nicht in Standardangebote gepresst, sondern es geht vielmehr darum, für die individuellen Bedürfnisse und Wünsche der Jugendlichen mit Behinderung flexible Einzelmaßnahmen zu setzen.

Für eine dauerhafte berufliche Integration von Jugendlichen ist nicht nur die Situation des Arbeitsplatzes ausschlaggebend, sondern auch das hinter den Jugendlichen stehende soziale Netzwerk. Vor allem die Eltern üben einen entscheidenden Einfluss dahingehend aus, ob die berufliche Integration ihrer Kinder gelingt. Eine wesentliche Aufgabe der Arbeitsassistenz ist es daher, die Kooperation der Eltern zu gewinnen, sie für die Bedeutung der beruflichen Integration ihrer Kinder zu sensibilisieren, sowie diese bei ihren bereits vorgenommenen eigenen Anstrengungen zu entlasten (vgl. Schartmann 1999).

Die Kooperation mit anderen Einrichtungen und Diensten eröffnet eine umfassendere Sichtweise von Problemlagen und Lebensverhältnissen und erleichtert Absprachen bezüglich Zuständigkeit und Koordination von Hilfeleistungen. Ein steter Informationsaustausch ermöglicht eine differenzierte und einheitlichere Beurteilung der Gesamtsituation (vgl. Appelhans et al. 1992; Stadler-Vida, Giedenbacher, Strümpel 2002).

Für Jugendliche, die ihre Sozialisationserfahrungen vor allem in schulischen und berufsqualifizierenden Systemen gemacht haben, nimmt das betriebliche Praktikum einen zentralen Stellenwert ein. Es lässt aufgrund der intensiven Begleitung durch die Arbeitsassistenz verlässliche Rückschlüsse auf die Kompetenzen der Jugendlichen zu, bietet eine konkrete Erprobung der Anforderungen am Arbeitsplatz, baut durch die tägliche Erfahrung am Arbeitsplatz soziale Vorurteile bei den KollegInnen ab beziehungsweise lässt die Bereitschaft zur Integration eines/r Jugendlichen wachsen. Die arbeitsbezogene gemeinsame Auswertung des Praktikums eröffnet dem/der Jugendlichen die Möglichkeit einer Angleichung von Selbst- und Fremdwahrnehmung. Das Praktikum stellt auf diese Weise oft die Brücke zur Arbeitsaufnahme dar (vgl. Barlsen, Hohmeier 1997; Stadler-Vida, Giedenbacher, Strümpel 2002).

Der angestrebte Arbeitsplatz soll in seinen Anforderungen den Fähigkeiten der Jugendlichen entsprechen; oder er muss – was sich in der Praxis häufig zeigt – fähigkeitsadäquat unter Berücksichtigung der Interessen der Betriebe und der Jugendlichen ausgestaltet werden (vgl. Bungart, Putzke 2001). Bei der Ausgestaltung des Arbeitsplatzes ist zu beachten, dass der gegebene Arbeitsplatz in seinen Anforderungen auf die Fähigkeiten der Jugendlichen zurechtgeschnitten wird, um ein vorzeitiges Ausscheiden zu vermeiden.

Aufgrund der sozialen Vorurteile, die Jugendliche mit Behinderungen in Betrieben erfahren könnten, ist es notwendig, dass die Arbeitsassistenz betriebliche AnsprechpartnerInnen findet, die die soziale Integration unterstützen. Die ArbeitskollegInnen werden über die Behinderung der Jugendlichen und deren Auswirkungen informiert. Die Arbeitsassistenz ist Ansprechpartnerin für Probleme, die im Betrieb und auch außerhalb des Betriebes entstehen und die soziale Integration gefährden könnten. Zur sozialen Integration gehört auch dazu, dass die Arbeitsassistenz die Jugendlichen bei der Förderung der Kommunikation und Selbstständigkeit im Betrieb unterstützt, sodass sie unabhängig von externer Unterstützung, wie z.B. der Arbeitsassistenz, werden (vgl. Bungart, Putzke 2001; Stadler-Vida, Giedenbacher, Strümpel 2002).

3. Strukturqualität

Es wurden Kriterien der Prozessqualität zusammengefasst, die eine erfolgreiche berufliche Integration bezogen auf die Zielgruppe der Jugendlichen ermöglichen sollen. Darüber hinaus muss betont werden, dass eine gute Beratung nur durch die Bereitstellung notwendiger Rahmenbedingungen erfolgreich sein kann. Die Leistungsfähigkeit der ArbeitsassistentInnen ist zu einem entscheidenden Anteil von Strukturqualität abhängig, d.h. von der Gewährleistung bestimmter Rahmenbedingungen. Dazu gehört eine notwendige materielle und personelle Ausstattung. Dabei müssen Kapazitäten auch bereitgestellt werden, die für die Klärung beruflicher

Perspektiven, für Beratungen aus dem sozialen Netzwerk der Jugendlichen und für nicht vorhersehbare Formen der Krisenintervention im betrieblichen Umfeld problemadäquat verfügbar sind.

Für das Gelingen einer guten Beratung ist die Qualifizierung der ArbeitsassistentInnen von großer Bedeutung. Sie sollten die Möglichkeit zu einer regelmäßigen berufsbegleitenden Weiterbildung erhalten und auch dazu verpflichtet werden. Die vielseitigen Aufgabenfelder der Arbeitsassistenz erfordern ein breites Wissen in unterschiedlichen Fachgebieten. Neben (sonder-)pädagogischen Qualifikationen sind unter anderem Kenntnisse über rechtliche Grundlagen, Akquisitionsstrategien sowie Methoden der Gesprächsführung gefragt (vgl. Doose 2001). Die Arbeitsassistenz ist eine aus der Praxis entstandene Profession, für die es bis vor kurzem keine umfassenden Aus- und Weiterbildungsmöglichkeiten gab. Es scheint daher dringend erforderlich, eine angemessene Qualifikation der Fachkräfte zu gewährleisten, auch um einen inhaltlichen Erfahrungsaustausch innerhalb dieser Berufsgruppe zu sichern. Durch externe Supervision sollte der Beratungsprozess regelmäßig reflektiert und vor allem im Hinblick auf Lösungsstrategien durchdacht werden (vgl. Bauer 1998).

4. Ausblick

Aus Gründen der Qualitätssicherung und -entwicklung sollten von der Arbeitsassistenzforschung folgende Aspekte aufgenommen werden:

- Wichtiger Bestandteil der Qualitätssicherung ist ein einheitliches Dokumentationssystem (vgl. Demmin 1999; Meinhold 1998). Bislang existiert in Österreich noch keine einheitliche Dokumentation zur Tätigkeit der Arbeitsassistenz. Als Grundlage, in denen die Arbeitsassistenzprojekte dokumentiert sind, dienen die Jahresberichte für den Auftraggeber. Darin enthalten sind vor allem Daten zu den einzelnen Projekten, zur Anzahl von KlientInnen, zur Art der Behinderung und zu quantitativen Beratungsergebnissen. Zukünftig könnte ein Dokumentationssystem angestrebt werden, mit dem die Vereinheitlichung aller Jahresberichte von Arbeitsassistenzprojekten erreicht wird. Die Forschung kann hier einen Beitrag leisten, indem sie ein differenzierteres Dokumentationssystem für die Arbeitsassistenz entwickelt. Ein Dokumentationssystem sollte neben den statistischen Daten (Anzahl der KlientInnen, Art der Behinderung, Vermittlungsergebnisse) auch exakte Angaben zu qualitativen Beratungsergebnissen als Information beinhalten. Zum Beispiel können für eine bestimmte Zielgruppe einzelne pädagogische Aktivitäten zur Abklärung ihrer beruflichen Perspektiven oder einzelne pädagogische Aktivitäten zur beruflichen und sozialen Qualifizierung erfasst werden (vgl. Demmin 1999). Dafür müssten Diagnostikinstrumente und Qualifizierungspläne für spezielle Zielgruppen entwickelt werden. Ein differenziertes Dokumentationssystem könnte der primären Orientierung an quantitativen Erfolgskriterien vorbeugen (vgl. Brand, Naust-Lühr 2000).

- Es soll die Entwicklung eines Berufsbildes für ArbeitsassistentInnen angeregt werden, und der Beruf des/der ArbeitsassistentIn durch ein Qualifikationsprofil professionalisiert werden (vgl. Blumberger 2001; Stadler-Vida, Giedenbacher, Strümpel 2002). Die Forschung aus dem Bereich der beruflichen Rehabilitation kann dazu beitragen, ein Qualifikationsprofil hinsichtlich zielgruppenspezifischer Fachkenntnisse, dafür geeigneter Beratungsmethoden, Akquisitionsstrategien und Wirtschaftskompetenzen zu erstellen.

Bei der Weiterentwicklung von Leitbildprinzipien und Beratungskonzepten der Arbeitsassistenz sollten auch die Faktoren »Geschlecht« und »ethnische Zugehörigkeit« verstärkte Berücksichtigung finden. Die Kategorie »Geschlecht« und »ethnische Zugehörigkeit« wird in Theorie und Praxis zur gesellschaftlichen Integration von Menschen mit Behinderungen zumeist übergangen (vgl. Prengel 1995; Schildmann 1996). Prengel geht davon aus, dass eine Gesamtanalyse der interkulturellen, feministischen und integrativen pädagogischen Ansätze wissenschaftlich zu einer Theorie von Gleichheit und Verschiedenheit führen und politisch »zur Demokratisierung des Geschlechterverhältnisses, zur Entfaltung kulturellen Reichtums und zum Respekt vor Individualität in der Erziehung« beitragen könnte (Prengel 1995, 15).

Dieser angeführte Aspekt von Prengel stellt eine geeignete Grundlage dar, die Forschung zur Arbeitsassistenz weiterzuführen, indem sie in das integrative Leitbild der Arbeitsassistenz die pädagogischen Ansätze der feministischen und interkulturellen Pädagogik aufnimmt, um dem Problem der gesellschaftlichen Ausgrenzung von benachteiligten Gruppen gerecht zu werden. Unter Berücksichtigung spezieller Problemlagen von Menschen mit Behinderungen (z.B. ausländische Menschen mit Behinderungen, Frauen mit Behinderungen, sozial benachteiligte Menschen) sollte die Forschung neue Zielgruppendiskussionen aufgreifen, um den jeweiligen Unterstützungsbedarf zu erschließen.

Literatur

Appelhans, P.; Braband, H.; Düe, W.; Rath, W.: Übergang von der Schule ins Arbeitsleben. Bericht über ein Projekt mit sehgeschädigten jungen Menschen. Hamburg 1992. - Barlsen, J.; Hohmeier, J.: »Unterstützte Beschäftigung« – ein neues Element im System der beruflichen Eingliederung von Menschen mit Behinderungen. In: Gemeinsam Leben, 5, 1997, S. 56-64. - Bauer, P.: Supervision als Instrument der Qualitätssicherung? In: Brunner, E.-J., Bauer, P. (Hg.): Soziale Einrichtungen bewerten. Theorie und Praxis der Qualitätssicherung. Freiburg im Breisgau, 1998, S. 107-134. - Brand, W.; Naust-Lühr, A.: Dimensionen des Erfolgs beruflicher Rehabilitation und die Schwierigkeiten, sie methodisch zu erfassen. In: Kipp, M. (Hg.): 11. Hochschultage berufliche Bildung 2000. Innovative berufliche Rehabilitation. Berufsbildung zwischen innovativer Programmatik und offener Umsetzung. Bielefeld, 2000, S. 114-161. - Bungart, J., Putzke, S.: Einarbeitung am Arbeitsplatz und der Prozess der betrieblichen Integration. In: Barlsen, J.; Hohmeier, J. (Hg.): Neue berufliche Chancen für Menschen mit Behinderung. Unterstützte Beschäftigung im System der beruflichen Rehabilitation. Düsseldorf, 2001, S. 111-160. - Demmin, M.: Entwicklung von Qualitätsgrundsätzen für den Bereich der beruflichen Rehabilitation. In: Niehaus, M. (Hg.), Erfolg von Maßnahmen zur beruflichen Rehabilitation. Freiburg im Breisgau, 1999, S 29-41. - Doose, S.

Qualifizierung und Fortbildung von IntegrationsberaterInnen in Integrationsfachdiensten. In: Barlsen, J., Hohmeier, J. (Hg.): Neue berufliche Chancen für Menschen mit Behinderung. Unterstützte Beschäftigung im System der beruflichen Rehabilitation. Düsseldorf, 2001, S. 229-254. - Meinhold, M.: Qualitätssicherung und Qualitätsmanagement in der Sozialen Arbeit. Freiburg im Breisgau, 1998. - Metzler, H.: Wacker, E.: Zum Qualitätsbegriff in der Behindertenhilfe. In: Schubert, H.-J.; Zink, K.-J.(Hg.): Qualitätsmanagement im Gesundheitswesen. Neuwied, 2001, S. 50-61. - Prengel, A.: Pädagogik der Vielfalt. Verschiedenheit und Gleichberechtigung in Interkultureller, Feministischer und Integrativer Pädagogik. Opladen 1992. - Schartmann, D.: Persönlichkeitsfördernde Arbeitsgestaltung mit geistig behinderten Menschen. Münster 1999. - Schildmann, U.: Integrationspädagogik und Geschlecht. Theoretische Grundlegung und Ergebnisse der Forschung. Opladen, 1996. - Schwarte, N.; Oberste-Ufer, R.: Qualitätssicherung und -entwicklung in der sozialen Rehabilitation Behinderter: Anforderungen an Prüfverfahren und Instrumente. In: Schubert, H.-J.; Zink, K.-J. (Hg.): Qualitätsmanagement im Gesundheitswesen. Neuwied, 2001, S. 62-88. - Speck, O.: Die Ökonomisierung sozialer Qualität. Zur Qualitätsdiskussion in Behindertenhilfe und Sozialer Arbeit. München, 1999. - Stadler-Vida, M., Giedenbacher, Y., Strümpel, C.: Die Qualität von Unterstützter Beschäftigung aus der Sicht der Beteiligten. Am Fallbeispiel der Arbeitsassistenz Liezen. Österreichischer Bericht zum Projekt »QUIP – Quality in Practice« (2000-2002). Europäisches Zentrum für Wohlfahrtspolitik und Sozialforschung, Wien, 2002. Online abrufbar unter: http://www.euro.entre.org

Anschrift der Verfasserin: Univ.-Ass. Mag. Dr. Helga Fasching, Universität Wien,
Institut für Bildungswissenschaft
Universitätsstraße 7, A-1010 Wien
Email: Helga.Fasching@univie.ac.at

* * *

Behindertenpädagogik, 45. Jg., Heft 1/2006, Seite 041

Saskia Schuppener

»Frag' mich mal...« – Zur Subjektivität von Schülerinnen und Schülern mit geistiger und mehrfacher Behinderung innerhalb des Unterrichts in heterogenen Lerngruppen

»Das WIR gewinnt«
Aktion Mensch

Bedeutung von Heterogenität

Heterogenität bedeutet »Ungleichartigkeit, Verschiedenartigkeit, Uneinheitlichkeit« (Duden 1990). Von Heterogenität wird innerhalb des Fachgebietes Sonderpädagogik – und im Speziellen innerhalb der Geistigbehindertenpädagogik – in zweierlei Hinsicht gesprochen:

1. Der Begriff der Heterogenität wird meist im direkten Bedeutungszusammenhang mit schulischer Integration verwendet und erhält hier eine weit greifende Konnotation von Verschiedenheit. Es geht um die gemeinsame Unterrichtung von Kindern mit und ohne Behinderung, im Rahmen derer differente Dimensionen von Verschiedenheit auftreten: Soziale und kulturelle Unterschiede, differente Lernvoraussetzungen und -möglichkeiten, alters-,

geschlechts- und entwicklungsbezogene Ungleichheiten etc. Heterogenität wird hier als pädagogische Chance und nicht als zu minimierendes Problem angesehen (Hinz 1993; Prengel 1993; Preuss-Lausitz 1993). Aufgrund der Erkenntnisse, dass Heterogenität erwiesenermaßen leistungssteigernd wirkt (Schuhmann 2003), gilt diese mittlerweile nicht nur als »Bewältigungsprobe«, sondern sogar grundsätzlich als Ziel Gemeinsamen Unterrichts (siehe Erzmann 2003). Demzufolge ist der Begriff einer »heterogenen Lerngruppe« auf jede Schülergemeinschaft anwendbar, besitzt uneingeschränkte inhaltliche Gültigkeit und wird auch häufig in dieser Konnotation verwendet (siehe Preuss-Lausitz 2004).

2. Heterogenität ist jedoch auch ein zentraler Begriff, wenn es um die Beschreibung einer Personengruppe von Menschen mit sogenannter geistiger Behinderung geht. So muss eigentlich heute nicht mehr explizit betont werden, dass es »*den* Menschen mit Behinderung« nicht gibt (Fornefeld 2002, S. 45; *Hervorh. i. Orig.*). Kernmerkmal pädagogischer Professionalität ist die Betrachtung des Personenkreises von Menschen mit geistiger Behinderung unter dem Blickwinkel der Heterogenität, d.h. *intra- und interindividueller Verschiedenheit*. Somit wird der Vielschichtigkeit und Komplexität des »Phänomens geistige Behinderung« zentrale Aufmerksamkeit geschenkt und neben klinischen Syndromen und beeinträchtigten Funktionen, der Fokus der Betrachtung auf Umfeldfaktoren, äußere Einflüsse und subjektive Lernbedürfnisse gelegt (Schuppener 2005). Die fundamentale Berücksichtigung der Individualität von Menschen mit geistiger Behinderung impliziert, dass beispielsweise die Klassengemeinschaften einer Schule für Kinder mit geistiger Behinderung zwangsläufig auch als heterogenes Kollektiv angesehen werden (siehe Kraus, Stier u. Bätke o.J.).

Ich möchte den Terminus »heterogene Lerngruppe« in meinen folgenden Ausführungen allerdings gemäß seiner ersten Deutungsmöglichkeit verstanden wissen.

Mittlerweile belegen diverse Untersuchungen zu integrativen Schulversuchen, dass der Lernzuwachs aller Schüler heterogener Lerngruppen sowohl im Schulleistungs-, als auch in sozialen und Persönlichkeits-Entwicklungsbereichen keinesfalls hinter dem in separierten Lernformen zurückbleibt (siehe GEW Baden-Württemberg 2000). Für Kinder mit einer geistigen oder mehrfachen Behinderung wurde im Rahmen verschiedener Schulversuche (Berlin, Hamburg etc.) ebenfalls nachgewiesen, dass schulische Integration für diese Personengruppe nicht nur theoretisch begründet und praktisch machbar ist, sondern vielfältige positive Entwicklungsverläufe skizziert (siehe Mahnke 2000). Trotz dieser Ergebnislage besuchen bislang nur 2% aller Kinder und Jugendlicher mit geistiger und mehrfacher Behinderung bundesweit Regelschulen und nehmen an Formen des Gemeinsamen Unterrichts teil (siehe Jantzen 2003; Boban u. Hinz 2004). Zudem wird nach wie vor eine bundesweit einheitliche Regelung hinsichtlich der Integration von Kindern mit einer geistigen Behinderung vermisst. Es ist zu betonen, dass nach wie vor eine negative Art der Hierarchisierung hinsichtlich des Schweregrades der Behinderung vorgenommen wird und die Chance auf einen Integrationsplatz insbesondere für Kinder mit schwerer und mehrfacher Behinderung in Bundesländern mit differenziert ausgebauten Systemen von Sondereinrichtungen sinkt (Frühauf u.a. 1999). Geht man jedoch von der grundlegenden *Unteilbarkeit von Integration* aus (siehe Feuser 1989; Markowetz 2001; Pfründer 2000), erübrigt sich jegliche Form der Klassifizierung und Eingruppierung von Schülern nach der Art ihres Hilfebedarfs und es geht – im Sinne einer allgemeinen, inklusiven Pädagogik – zentral um die Gestaltung eines adäquaten Lernklimas, welches dem Anspruch aller Kinder auf individuelle Förderung gerecht werden kann. Vergessen werden darf in diesem Zusammenhang auch nicht, dass ein inklusiver Gedanke neben schulorganisatorischen Fragen primär auch eine gesellschaftspolitische und ethische Einstellungsfrage verkörpert (siehe Haeberlin 1998).

Heterogenität und Identitätsentwicklung

Der pädagogische Auftrag innerhalb heterogener Lerngruppen besteht im Kern in der *Bewältigung und Fruchtbarmachung von Verschiedenheit.* Hierbei geht es nicht nur um die Verschiedenheit von Lernausgangslagen, sondern vielmehr um die oben erwähnte Verschiedenheit von Lernbedürfnissen, kulturellen Bedingtheiten, kognitiven, emotionalen und psycho-sozialen Voraussetzungen sowie alters- und geschlechtsspezifischen Unterschieden. Prengel (1995) sieht die Erfahrung sozialen Lernens im Sinne einer Anerkennung von Verschiedenheit als Kernmerkmal schulischer und sozialer Integration. Und insbesondere Kinder in differenten benachteiligten Lebenslagen müssen »Gelegenheit eingeräumt bekommen, in sozial heterogenen Lerngruppen vielfältige Lebensstil- und Milieumodelle zu erfahren« (Merz-Atalik 2003, S. 118). »Normative Voraussetzung dieser Sichtweise ist, dass beiden Partnern oder Gruppen von Personen ein Eigencharakter, eine eigene Identität und eine grundsätzliche Gleichberechtigung auch bei unterschiedlicher Leistungsfähigkeit zugestanden wird« (Reiser 1991, S. 16). Kinder und Jugendliche mit und ohne Behinderung sollen das »dialektische Verhältnis zwischen Individuum und Gemeinschaft als Spannungsfeld der Identitätsentwicklung erleben« (Prengel 1995, S. 181). Für alle Schüler heterogener Lerngruppen verkörpert das gemeinsame Lernen demnach eine fundamentale Erfahrung im Rahmen der Entstehung eigener Sichtweisen, Selbstdefinitionen und Identitätsentwicklung. Die Dialektik von Gleichheit und Verschiedenheit (siehe Reiser, Kreie, Klein u. Kron 1986) wird anhand der folgenden beiden Kategorien der Identitätsentwicklung besonders deutlich: »Das Bedürfnis nach Gleichheit und Gemeinsamkeit mit anderen wird als *soziale Identität*, das Bedürfnis nach Einzigartigkeit und Individualität als *persönliche Identität* bezeichnet«. Erst die Balance zwischen beiden Bedürfnissen ermöglicht die adäquate Entwicklung einer *»Ich- Identität«* (Hinz 1993, S. 43). Lernen in heterogenen Gruppen kann demzufolge eine wesentliche Variable für das Ermöglichen einer *konstruktiven Identitätsentwicklung* von Kindern mit unterschiedlichem Förderbedarf darstellen. Das Erleben von Grenzerfahrungen und realistischen Einschätzungen subjektiver Fähigkeiten ist unabdingbar, um das eigene So-Sein (siehe Podlesch 1998) zu spüren und zu bearbeiten. Es geht also darum, insbesondere Schülern mit einem individuellen und intensiven Hilfebedarf die gleichen Chancen und Perspektiven zu eröffnen, die nichtbehinderten Schülern zur Verfügung stehen, damit auch im Rahmen der Entwicklung von Kindern und Jugendlichen mit einer geistigen und mehrfachen Behinderung vergleichbare Möglichkeiten für Erfahrungen und Auseinandersetzungen mit dem Erleben der eigenen Identität bestehen (Schuppener 2005). Aber nicht nur für Schüler mit verschiedenstem Förderbedarf ermöglicht Gemeinsamer Unterricht persönlichkeitsentwicklungsfördernde Erfahrungen; für alle Schüler einer heterogenen Lerngruppe gilt die Aussage Martin Bubers: *»Der Mensch wird am Du zum Ich«* (Buber 1979, S. 32). Die Konfrontation mit unterschiedlichen Verhaltensweisen auf das eigene Agieren im Rahmen interaktiver Prozesse ist eine wesentliche Variable im Rahmen der Ausformung des eigenen Selbstverständnisses. Gemäß Goffman (1967) repräsentiert die Ich-Identität ein subjektives Empfinden als Resultat sozialer Erfahrungen. Dies verdeutlicht eindrücklich die Notwendigkeit und die möglichen förderlichen Auswirkungen breiter sozialer Erfahrungen für die Ausprägung und Definition eines Selbst, was auch von Boban u. Hinz (1999) bestätigt wird: »Voneinander lernen und miteinander Erfahrungen machen, ist umso besser möglich, je weiter das Spektrum der vorhandenen Personen ist« (S. 112). Die von Frey (1987) formulierte Ungewissheit: »Wie sehen mich andere?« (= soziales Selbst) verkörpert somit eine bedeutsame Frage, welche innerhalb einer heterogenen Gruppe erheblich facettenreicher beantwortet werden kann und demzufolge eine qualitativ breitere Basis für die Ausbildung einer Ich-Identität darstellt.

Grundannahmen einer subjektorientierten Didaktik

Hinsichtlich der Frage nach einer Didaktik für den Unterricht in heterogenen Lerngruppen verwies Feuser schon 1989 auf die Notwendigkeit des Entwurfes einer neuen Pädagogik und einer neuen Unterrichtspraxis sowie neuen Formen der Kooperation zwischen Pädagogen, Therapeuten und Eltern. Diese wurden in den letzten 15 Jahren – vor dem Hintergrund reformpädagogischer Ansätze – in Form verschiedenster didaktischer Modelle neu- und weiterentwickelt. Zu nennen wären hier u.a. die *entwicklungslogische* (Feuser 1989), die *konstruktivistische* (Fischer 2004) oder auch die *inklusive Didaktik* (Bintinger u. Wilhelm 2001a,b; Seitz 2003a,b). Wenngleich sich diese Konzepte begrifflich voneinander abgrenzen, gibt es verschiedene inhaltliche Parallelen. So geht es in allen didaktischen Entwürfen um die grundlegende Forderung nach einer Ausrichtung unterrichtlicher Inhalte an der Lebenswelt und Biografie der Schüler. Diese Forderung ist zwar nicht neu, aber dennoch von aktueller Relevanz und impliziter Kern verschiedenster didaktischer Modelle für den Gemeinsamen Unterricht; demzufolge ist »Unterricht als Eigenwelterweiterung und Lernbegleitung« zu verstehen (Fischer 2004, S. 8) und erfordert nicht nur eine systemisch-ökologische Ausrichtung, sondern gleichsam auch eine verstärkte Öffnung gegenüber dem Lernenden und der subjektiven Sinnhaftigkeit, die ein Lerngegenstand für ihn beinhaltet.

Vor dem Hintergrund der Berücksichtigung von Identitätsentwicklungsprozessen möchte ich im Rahmen meiner Ausführungen von einer *subjektorientierten Didaktik* (siehe Fischer 2004) sprechen, deren Grundgedanken im Folgenden eingehender konkretisiert werden sollen.

Aussagen über Menschen mit sogenannter geistiger Behinderung bleiben stets *subjektiv und hypothetisch*, da eine geistige Behinderung für nicht-behinderte Menschen schwer vorstellbar ist (siehe Goll 1998). Bei dem Versuch einer Definition und Annäherung an Kinder und Jugendliche mit geistiger oder mehrfacher Behinderung dominiert also immer die eigene Wahrnehmung und das persönliche Kategorienschema (siehe Feuser 1996). In der Sonderpädagogik herrscht die Tradition vor, grundsätzlich *von außen* über das Wesen der geistigen Behinderung zu spekulieren (Eggert 1999), was auch der neue Definitionszugang der WHO »International Classification of Functioning, Disability and Health« (ICF) (World Health Organization 2001) eindrucksvoll verdeutlicht, indem zwar neben funktionalen Störungen auch Möglichkeiten aktiver gesellschaftlicher Teilhabe sowie Kontextfaktoren in die Klassifikationskriterien von Behinderung mit aufgenommen werden, aber die fundamentale Dimension der personalen Ressourcen (siehe Biewer 2002) und der subjektiven Innensicht von Menschen mit Behinderung gänzlich vernachlässigt wird (Schuppener 2005). Feuser (1996) pointiert in diesem Zusammenhang, dass ein Kind in einer Integrationsklasse allein dadurch ausgegrenzt wird, dass ich es im Spiegel meiner Wahrnehmung als geistig behindert definiere und bewerte. Auf der Basis entworfener Spekulationen über Denk- und Handlungsstrukturen von Menschen mit einer geistigen und besonders von Menschen mit einer schweren, mehrfachen Behinderung werden folglich Dialoge, pädagogische Vorgehensweisen und gesamte Unterrichtsplanungen entworfen, die ebenfalls Gefahr laufen, den zentralen Faktor der *Subjekt-Perspektive* des Individuums unberücksichtigt zu lassen. Zudem wird zentral vernachlässigt, dass ein wechselseitiger Wirkungszusammenhang zwischen der Selbst- und Fremdsicht des Individuums existiert: »Die subjektive Seite wird bestimmt von der Diskrepanz zwischen dem eigenen Anspruch des Betroffenen an sich und seine Umwelt und dessen Realisierbarkeit. Der eigene Anspruch hängt damit auch von der gesellschaftlichen Akzeptanz und Anerkennung, die der Betroffene erfährt, ab« (Lempp 2000, S. 18). Um diesem Dilemma präventiv entgegenzuwirken ist es zwingend notwendig, die *Subjekt-Perspektive* der Schüler – und speziell die subjektiven Sichtweisen von Schülern mit Förderbedarf im Schwerpunkt geistige Entwicklung (siehe KMK 1998) – in den Interessensmittelpunkt zu rücken.

Im Rahmen didaktischer Ausgangsfragen sieht man sich als Lehrer stets mit differenten Orientierungsschwierigkeiten konfrontiert. Bei der Planung von Unterricht sind verschiedenste Einflussfaktoren zu berücksichtigen: Lehr- und Bildungspläne, Vorgaben der Schulleitung, Elternwünsche, eigenen Bildungs- und Erziehungsvorstellungen etc. (siehe Fischer 2004). Aufgrund der multiplen Anforderungen dieser Instanzen rückt nicht selten die wohl wichtigste Einflussgröße der Unterrichtsplanung zu sehr aus dem Blick: *der Schüler*. Gemäß einer subjektorientierten Didaktik ist auf Schülerebene eine Vielzahl an Einflussaspekten zu eruieren und einzubeziehen (siehe Abb. 1, nächste Seite).

Die Berücksichtigung all dieser schülerbezogenen Einflussfaktoren ist allein deshalb notwendig, weil es »die eine richtige Didaktik nicht« gibt; »die richtige Didaktik gibt es jeweils nur für einen Lernenden« (Studer u. Luder 1999, S. 189). Demzufolge ist es unumgänglich von einer subjektorientierten Didaktik als einem immer wieder neu zu entwerfenden, mit einem Höchstmaß an Individualisierung versehenen Konzept zu sprechen.

Im Rahmen der Diskussion um didaktische Entwürfe für Gemeinsamen Unterricht wird stets auf das Risiko sogenannter »nicht-integrationsfähiger« Kinder verwiesen. Um dieser Form der Stigmatisierung entgegenzuwirken und die Entstehung einer sogenannten »Rest-Gruppe« (siehe Feuser, Rödler, Berger u. Jantzen 2002) zu verhindern, fordert beispielsweise Erzmann (2003), dass speziell Modelle zur Integration von Kindern mit Schwerstmehrfachbehinderung entworfen werden müssen. Eine subjektorientierte Didaktik – die alle Kinder einer heterogenen Lerngruppe erreichen will – muss also insbesondere Schüler mit intensivem Förderbedarf berücksichtigen. Innerhalb einer heterogenen Lerngruppe, die auch Kinder mit schwerster und mehrfacher Behinderung einschließt, kann somit eine große didaktische Chance darin liegen, eine verstärkte Ausrichtung an der Subjektivität gerade jener Schüler vorzunehmen. Zur zentralen Berücksichtigung dieser Variablen muss in einem ersten Schritt auf die Dominanz einer Zukunftsorientierung bei der Planung von Unterricht verzichtet werden (siehe Dudenhöfer 2001). Das Arbeiten mit individuellen Entwicklungs- und Förderplänen, was mittlerweile in allen deutschen Bundesländern – insbesondere innerhalb des Gemeinsamen Unterrichts – mehr oder weniger verbindliche Praxis ist (siehe Hausotter u. Pluhar 2004), erfordert eine Formulierung von Förderzielen und somit eine Priorität der zeitlichen Dimension Zukunft. Ein dialogischer Beziehungsaufbau zu Kindern mit schwereren Beeinträchtigungen sowie ein gemeinsames Lernen und konstruktives Erleben von Verschiedenheit sind allerdings nur durch eine Priorität der zeitlichen Dimension Gegenwart möglich. Es muss eine Fokussierung der Subjekthaftigkeit des Kindes im »Hier und Jetzt« erfolgen, die – auf Seiten der Lehrkräfte, aber auch auf Seiten der Mitschüler – Kompetenzen im Sinne einer besonderen Wahrnehmungsintensität für individuelle Mitteilungen und Bedürfnisse der Schüler notwendig macht. In der Anbahnung und Erweiterung dieser Kompetenzen liegt eine pädagogische Chance, die allen Beteiligten einer heterogenen Gruppe neue Lernerfahrungen ermöglicht. Eine zu starke Zukunftsbezogenheit in der Planung und Durchführung von Unterricht kann einerseits vom eigentlichen Beziehungsaufbau zwischen Lehrer u. Schüler und Schüler u. Schüler wegführen und andererseits für die Schüler u.U. Überforderung/ Unterforderung und Interessensverlust implizieren.

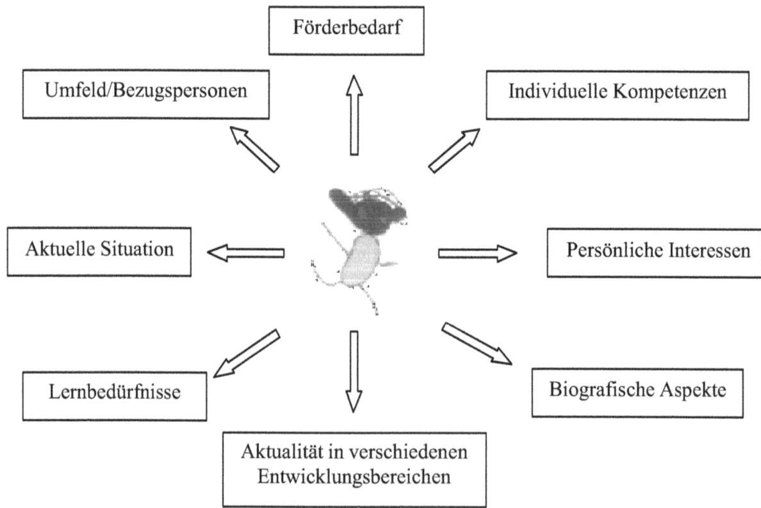

Abb. 1: Subjektbezogene Einflussfaktoren im Rahmen einer Unterrichtsplanung und -gestaltung

Es darf nicht missverstanden werden, dass eine Gegenwartsbezogenheit eine Planung von Unterricht keinesfalls ersetzen kann und darf; es geht in diesem Zusammenhang nicht um eine Aufforderung zur Vernachlässigung von Unterrichtsplanung, sondern vielmehr darum, gegenwärtige, subjektbezogene Unterrichtserlebnisse stärker ins (Lehrer)Bewusstsein zu rücken, um diese als Anlass zu nehmen, Unterrichtsvorbereitungen adäquater auf die interindividuell verschiedenen Schülerbedürfnisse abstimmen zu können.

Nicht nur die Schüler als »Akteure ihrer Entwicklung« (siehe Kautter, Klein, Laupheimer u. Wiegand 1995; Fischer 2004) erhalten durch einen Gegenwartsbezug Impulse für mögliche neue Formen der Kooperation untereinander; es ergibt sich auch die Möglichkeit eines beachtlichen persönlichen Gewinns für den Lehrer. Ihm wird durch eine Orientierung an der gegenwärtigen Subjekthaftigkeit seiner Schüler die Einnahme eines Perspektivenwechsels wesentlich erleichtert; gleichzeitig wird die Wahrscheinlichkeit des Auftretens dialogischer Missverständnisse (siehe Abb. 2) erheblich verringert.

Abb. 2: »Pädagogische Missverständnisse« (Kraus, Stier, Bätke o.J. in Fornefeld 2003, S. 78)

Die bewusste Übernahme der potentiellen Innensicht seiner Schüler ermöglicht dem Lehrer nicht nur eine Erweiterung der eigenen reflexiven Kompetenzen, sondern ist gleichzeitig eine Chance, neue *»Brücken (zu) bauen«* (Pörtner 2003, Buchtitel; *Einschub S.S.*) zwischen den – unter Umständen sehr unterschiedlichen – Erlebniswelten von Schülern untereinander sowie von Schülern und Lehrern. Ein Teilhaben an dem persönlichen Empfinden, der inneren Wirklichkeit, der subjektiven Weltsicht von Kindern und Jugendlichen mit geistiger und mehrfacher Behinderung erlaubt das Eintauchen in einen verstehenden Dialog. Mit einer derartigen Grundhaltung ist es möglich, auch einen authentischen, verstehenden Zugang zu Kindern mit schweren Beeinträchtigungen zu finden, deren Verhaltensäußerungen unter Umständen zunächst befremdend und irritierend erscheinen. Bestätigend lässt sich anführen, dass auch in einer Studie zu subjektiven Theorien von Lehrern in Integrationsklassen festgestellt wurde, dass Lehrkräfte, deren Unterricht auf einem subjektorientierten Lernbegriff aufbaut, die Lernbedürfnisse insbesondere der Kinder mit Förderbedarf stärker berücksichtigen (Merz-Atalik 2001). Ein Einlassen auf die Subjekthaftigkeit des Gegenüber impliziert, dessen Verhalten als uneingeschränkt (subjektiv!) sinnvoll zu erachten und fordert uns auf, »hypothetische Antworten auf die Frage nach der möglichen Bedeutung von Verhaltensweisen« zu finden (Wagner 2003, S. 110). Ausgestattet mit einem »Pool an Hypothesen« verhilft dieser dazu, um ihn in einem ersten Schritt für das Herstellen eines dialogischen Konsens zwischen Pädagoge und Schüler zu nutzen, und in einem zweiten Schritt für das bewusste Erleben von Heterogenität fruchtbar zu machen. Für ein solches bewusstes und konstruktives Heterogenitätserleben müssen verschiedene Basisfaktoren gegeben sein oder erarbeitet werden, die im folgenden Abschnitt skizziert werden sollen.

Möglichkeiten methodischen Vorgehens

Die Professionalität eines Lehrers kennzeichnet sich – besonders im Gemeinsamen Unterricht – mittlerweile durch die Funktion eines *Lernraumgestalters* aus. Die zentrale pädagogische Anforderung liegt demnach in der Schaffung individueller Lernwelten und deren kooperativer Verknüpfung. Es geht um die Balance zwischen Individualisierung/Differenzierung und Gemeinschaftlichkeit. Ein Schüler einer heterogenen Lerngruppe muss eine auf seinen Ressourcen basierende, individuelle Förderung erhalten, soll sich aber gleichsam als gleichberechtigter Teil einer Gruppe verstehen, um insgesamt sowohl persönliche, als auch soziale Identitätsentwicklungsfaktoren (siehe oben) zu erfahren. Der Lehrer befindet sich somit in der anspruchsvollen Rolle eines Lernhelfers, der stets den »Spagat« zwischen Subjekt und Gemeinschaft bewältigen muss, da ansonsten Desintegration entsteht. Es kann in diesem Kontext selbstverständlich nicht primär um Wissens-, sondern vielmehr um Lernstrategievermittlung, um eine *Einladung zum Lernen* gehen (siehe Schulte-Peschel u. Tödter 1996). Der in dem Zusammenhang häufig verwendete Begriff des Lernbegleiters greift hier meines Erachtens wesentlich zu kurz, da es auf mehr als eine bloße Begleitung des Lernens ankommt; in erster Linie besteht die Aufgabe der Lehrkraft in dem Arrangement eines geeigneten Lernumfeldes, was speziell in Integrationsklassen eine besondere Herausforderung verkörpert. Die Bedürfnisse eines Kindes mit Autismus – in Form eines hohen Maßes an Strukturierung, Orientierung an Gewohntem etc. – stehen den Erfordernissen eines Kindes mit ADS – wie etwa Flexibilität, Abwechslung etc. – unter Umständen konträr gegenüber und dennoch besteht die Notwendigkeit des Entwurfes einer gemeinsamen, für alle Schüler förderlichen Lernumgebung. Erfolgen kann dies u.a. über das einfachste und zugleich effizienteste pädagogisch-diagnostische Vorgehen: die *Beobachtung*. Entgegen der Annahme, dass stets ein Höchstmaß an Vorplanung notwendig ist, dokumentieren beispielsweise verschiedene schulische Integrationsmaßnahmen aus Italien (siehe Rittmeyer 1999), dass sich über das Beobachten im »Hier und Jetzt« (=

Gegenwartsorientierung) neue Lernwege für die jeweiligen Kinder eröffneten. Die dort beschriebenen Kinder mit unterschiedlichsten Formen von Beeinträchtigungen (Autismus, Down-Syndrom, schwere geistige Behinderung, Verhaltensprobleme etc.) gaben meist selbst vor, wie sie in welchen Situationen am Besten lernen und profitieren können. Neben grundlegenden Methoden der Differenzierung, Visualisierung von Lernprozessen, »Begreifen« von Lerngegenständen, Reduzierung komplexer Lernsituationen und vor allem der angeleiteten Kooperation aller Schüler untereinander (z.B. durch gegenseitige Kontrolle von Lernergebnissen) wird immer wieder von der *Effizienz ganz individueller und innovativer Maßnahmen* berichtet (z.B. das Entwickeln spezifischer Rituale oder das strukturierte Nachspüren der Abläufe von Alltagsprozessen, wie den Weg vom Wasser in ein Glas bis zum Trinken). Als besonders förderlich und wirksam im Rahmen der schulischen Integration von Kindern mit schweren und mehrfachen Beeinträchtigungen (insbesondere im Bereich der Kommunikation) wird – neben der Verstärkung natürlicher Ausdrucksmittel – zunehmend auch der Einsatz elektronischer Kommunikationshilfen und des Computers als Arbeitsmedium (auch und bevorzugt in Form von Gruppenarbeiten) beschrieben (siehe Buß 1999; Hömberg 2002). Hiermit ermöglicht man auch diesen Kindern ein Maximum an Selbstäußerung und Selbstdarstellung im weitesten Sinn.

Eine methodisch-didaktische Möglichkeit der Einbindung von Subjektivität der Schüler in den Gemeinsamen Unterricht kann das Arbeiten mit Konzepten zur »Persönlichen Zukunftsplanung« (siehe Doose 2000) sein. Das methodische Vorgehen der persönlichen Zukunftsplanung ist äußerst vielseitig (siehe Tab. 1) und dient dazu »den Anderen kennenzulernen, Ideen zu bekommen, Ziele zu definieren und diese gemeinsam Schritt für Schritt umzusetzen« (Doose 2000, S. 22).

Methoden Persönlicher Zukunftsplanung
➢ Themenblätter (Meine Fähigkeiten, Wieso Arbeiten, Fragebögen, Checklisten, Liste was machen andere Gleichaltrige, Mandala, Glücksrad etc.) ➢ Karten (Dream Cards, Neue Hüte, Lebensstilkarten) ➢ Ordner (Persönlicher Zukunftsplaner - Dokumentation des Planungsprozesses, Portfolio - Sammlung bester Werke) ➢ Treffen (Talkrunden, Persönliche Zukunftsplanungstreffen, Unterstützerkreise, Freundeskreise) ➢ Problemlösetechniken ➢ Moderationstechniken

Tab. 1: Übersicht über Methoden Persönlicher Zukunftsplanung (aus Doose 2000, S.22)

Wenngleich – wie aus meinen obigen Ausführungen ersichtlich – eine Zukunfts-, nicht eine Gegenwartsorientierung überlagern darf, lassen sich die Methoden der persönlichen Zukunftsplanung dennoch als optimale Konzepte anführen, wenn es um Planungsvorhaben geht, die im »Hier und Jetzt« ansetzen und den Schüler mit seinen selbstbezogenen Kompetenzen in den Mittelpunkt stellen. Verfahren aus dem Bereich des »Personal Futures Planning« stehen also einer Aktualitätsausrichtung keinesfalls konträr oder gar kontraproduktiv gegenüber, sondern zwingen geradezu zu einem Blick auf die gegenwärtige Subjekthaftigkeit des Schülers und fordern dazu auf, diesen Blick als Ausgangsbasis für alle weiteren (Unterrichts)Aktivitäten zu nehmen.

In den USA ist es üblich, insbesondere bei Schülern mit geistiger und mehrfacher Behinderung vor dem Ende der Schulzeit (Übergang Schule-Beruf) mit Methoden der persönlichen Zukunftsplanung zu arbeiten (Hinz 2001); es gibt allerdings auch diverse andere Anlässe für den Einsatz dieser Konzepte innerhalb des schulischen und außerschulischen Lebensbereiches von Menschen mit einer geistigen Behinderung (siehe Hinz 2001; Schuppener 2004 etc.). Speziell das Konzept *MAP (Making Action Plans)* (siehe Abb. 3) ist eine Arbeitsmethode, die im Gemeinsamen Unterricht Anwendung finden sollte: »Das ›McGill Action Planning System‹ – kurz MAPS – betrifft besonders die schulische Integration« (Rutte 1995, S. 20).

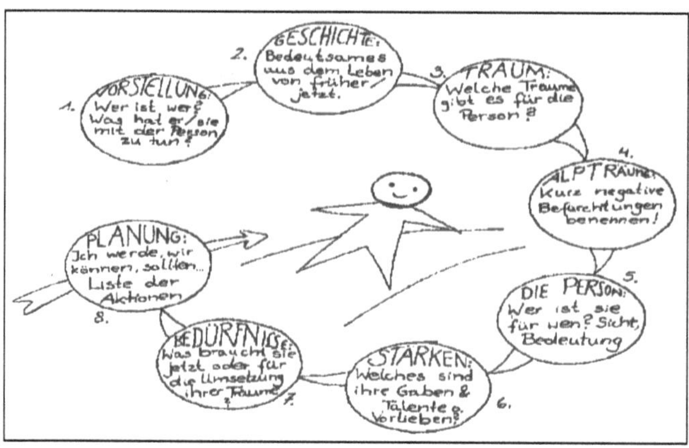

Abb. 3: MAP – Making Action Plans (aus Hinz 2001, S.130)

Rutte berichtet von einem Arbeiten mit MAPS in den USA innerhalb des Gemeinsamen Unterrichts anlässlich der Neuaufnahme einer Schülerin mit mehrfacher Behinderung in eine heterogene Lerngruppe und der Frage nach den Bedingungen und Beteiligungsmöglichkeiten aller Schüler, Lehrer, Eltern etc. in Rahmen der Integration dieser Schülerin. Hierzu wurde MAP in Form eines Spiels durchgeführt.

Meines Erachtens eignet sich das Arbeiten mit MAP in leicht modifizierter Form beispielsweise auch, um – ausgehend vom Schüler selbst – bestimmte schulrelevante Themen zu erarbeiten. Hierbei steht das Einbringen subjektiver Erfahrungen sowie individueller Perspektiven und Ideen seitens der Schüler im Zentrum und kann genutzt werden, um eine gemeinsame Unterrichts-, Projekt- oder Themenplanung unter Berücksichtigung der Subjektivität der Schüler zu realisieren.

Wie aus Abbildung 3 ersichtlich, besteht MAP aus einer Kette von acht aufeinander aufbauenden Schritten, in denen eine Annäherung an die Zukunfts- bzw. Projektvorstellungen etc. des Schülers erfolgt sowie eine Konkretisierung von verschiedenen Determinanten, die zur Verwirklichung dieser Vorstellungen notwendig sind (Kompetenzen u. Fähigkeiten des Schülers, etwaige Schwierigkeiten u. Hindernisse, Umfeldressourcen etc.). Das Vorgehen ist natürlich stets an den individuellen Voraussetzungen und Möglichkeiten der betreffenden Schüler auszurichten; so ist es beispielsweise einem Schüler mit starken Kommunikationsbeeinträchtigungen nicht möglich, eine eigenaktive sprachliche Mitteilung vorzunehmen. Hier geht es dann darum, alle Unterstützungsmöglichkeiten für selbstbestimmte Mitteilungen dieses Schülers zu eruieren und anzubieten; sind diese erschöpft (oder aufgrund einer umfassenden Schwerstmehrfachbeeinträchtigung nur bedingt anwendbar), muss in Form von Hypothesen die mögliche Selbstsicht und Teilhabe des Schülers am Geschehen festgehalten und innerhalb eines »Circle of friends« (= alle für den Schüler wichtigen Personen) dialogisch abgeglichen werden. Nur so besteht eine Chance darauf, der Persönlichkeit des Schülers gerecht zu werden und seiner subjektiven Sichtweise so nah wie möglich zu kommen. In Form gemeinsamer Reflexionsstrukturen und Planungsansätze kann dann auch im Übertrag auf eine heterogene Lerngruppe ein kollektives Vorgehen oder Arbeiten an einem Thema – vor dem Hintergrund eines Höchstmaßes an Einbeziehung von Subjektivität auf Seiten eines Schülers mit Förderbedarf – vorgenommen werden.

Unabhängig davon, ob ein Lernen in heterogenen Gruppen nun über ein Lernen am »gemeinsamen Gegenstand« (siehe Feuser 1998) oder in »gemeinsamen Situationen« (siehe Wocken 1998) mittels offenem, handlungs- oder projektorientiertem Unterricht erfolgt; das Zentrum muss der Schüler mit seinen ganz eigenen Entwürfen von Wirklichkeit und Selbstsicht sein. Und Aufgabe professioneller Pädagogen muss – Nein, *darf* es sein –, diese subjektiven Realitätskonstruktionen zu erspüren, für den Schüler selbst und sein Umfeld transparent zu machen, an ihnen teilzuhaben und vor allem: von ihnen zu *lernen*.

Schluss

Wenngleich – wie Feuser (2000) präzisiert – ein *Paradigmenwechsel* durch die Theorie und Praxis der Integration in Deutschland noch nicht stattgefunden hat, lässt sich doch auf verschiedene Chancen und schon existente Formen des *Perspektivenwechsels* verweisen.

Insbesondere eine *Orientierung an der Subjektivität des Schülers* ermöglicht verschiedene Arten des Perspektivenwechsels, die ich in meinem Ausführungen zu konkretisieren versucht habe und abschließend wie folgt zusammenfassen möchte:

1. Für den *Schüler* mit sogenanntem Förderbedarf im Schwerpunkt geistige Entwicklung liegt in der Subjektorientierung eine notwendige Sicherung der Chance auf soziale und persönliche Erfahrungen, die als Basisvariablen für seine Identitätsentwicklung anzusehen sind. Demnach erfolgt für ihn zunächst eine Perspektiverweiterung durch neue Lernerfahrungen und somit eine Schaffung der Voraussetzungen für die Einnahme differenter neuer Selbst- und Fremdperspektiven.

2. Für die gesamte *Lerngruppe* erweitern sich Erlebnisse, Erfahrungen und Erkenntnisse, die ohne ein gemeinsames Lernen mit Kindern mit unterschiedlichem Förderbedarf nicht möglich wären. Das gemeinsame Lernen mit Kindern mit geistiger und mehrfacher Behinderung fordert und

fördert Perspektivenwechsel. Der Erwerb multipler neuer Kompetenzen (Empathie, Lernoffenheit, Anerkennung von Verschiedenheit etc.) äußert sich u.a. darin, über viele verschiedene Fremdperspektiven auch eine neue Definition von sich selbst zu gewinnen.

3. Für den *Lehrer* besteht der Perspektivwechsel in einem neuen Verständnis seiner eigenen Pädagogenrolle; als Lernhelfer mit dem Fokus auf gegenwärtige Subjektbedürfnisse und -äußerungen erfolgt eine Reduzierung pädagogischer, dialogischer Missverständnisse und somit ein horizontal-dialogisches, besseres Verstehen seiner Schüler.

Insgesamt kann eine verstärkte Fokussierung der Subjektivität von Schülern mit einer geistigen Behinderung für uns alle wie ein *Spiegel eigener Wahrnehmung und Selbstbegegnung* wirken (Schuppener 2005), indem sie uns veranlasst bisherige Einstellungen und Konzepte anhand eigener Reaktionen auf deren subjektiver Mitteilungen zu reflektieren und zu verändern. Und dies ist zwingende Voraussetzung dafür, *Verschiedenheit* anzuerkennen, von einer *Heterogenität als einzig gültiger allgemeiner Sozialform* (siehe Feuser 1995) auszugehen und diese auch zu leben.

Literatur

Biewer, G.: Ist die ICIDH-2 für die Heilpädagogik brauchbar? In: K. Bundschuh (Hg.), Sonder- und Heilpädagogik in der modernen Leistungsgesellschaft. Krise oder Chance? Bad Heilbrunn: Klinkhardt, 2002, (S. 293-301). - Bintinger, G. u. Wilhelm, M.: Inklusiven Unterricht gestalten. Behinderte in Familie, Schule und Gesellschaft 2, 2001a, 41-60. - Bintinger, G. u. Wilhelm, M.: Schulentwicklung unter dem Aspekt der Inklusion oder: weg von »Integrationsklassen« hin zur »Schule für alle Kinder«! Behinderte in Familie, Schule und Gesellschaft 2, 2001b, 41-60. - Boban, I. u. Hinz, A.: Menschen mit Down-Syndrom und Integration in der Schule. In: E. Wilken (Hg.): Neue Perspektiven für Menschen mit Down-Syndrom. Dokumentation der Fachtagung Down-Syndrom 1996. Hannover, 1999, 3. Auflage (S. 108-123). - Boban, I. u. Hinz, A.: Gemeinsamer Unterricht im Dialog. Vorstellungen nach 25 Jahren Integrationsentwicklung. Weinheim: Beltz, 2004. - Buber, M.: Das dialogische Prinzip. Heidelberg: Lambert Schneider, 1999, 4. Auflage. - Buß, R.: Katrin – Integration einer schwer mehrfachbehinderten Schülerin in der Grundschule. In: W. Lamers (Hg.), Computer- und Informationstechnologie. Geistigbehindertenpädagogische Perspektiven. Düsseldorf: Selbstbestimmtes Leben, 1999 (S. 222-230). - Doose, S.: »I want my dream!« Persönliche Zukunftsplanung. Neue Perspektiven und Methoden einer individuellen Hilfeplanung mit Menschen mit Behinderungen. Hamburg: Bundesarbeitsgemeinschaft für Unterstützte Beschäftigung, 5, 2005. überarbeitete und erweiterte Neuauflage. - Duden: Fremdwörterbuch. Mannheim: Dudenverlag, 1999, 5. neu bearbeitete und erweiterte Auflage. - Dudenhöfer, J.: Schwerstbehinderte Schüler und Schülerinnen in einem heterogenen Klassenverband – Möglichkeiten ihrer Selbstgestaltung und Autonomie. Mitteilungen des vds 2/2001, 63-72. - Eggert, D.: Psychologische Theorien der geistigen Behinderung. In: G. Neuhäuser u. H.-C. Steinhausen (Hg.): Geistige Behinderung. Grundlagen, Klinische Syndrome, Behandlung und Rehabilitation. Stuttgart: Kohlhammer, 1999, 2. überarbeitete und erweiterte Auflage (S. 42-59). - Erzmann, T.: Perspektiven- oder Paradigmenwechsel durch Integration? In: G. Feuser (Hg.). Integration heute – Perspektiven ihrer Weiterentwicklung in Theorie und Praxis. Frankfurt am Main: Peter Lang, 2003 (S. 29-38). - Feuser, G.: Allgemeine integrative Pädagogik und entwicklungslogische Didaktik. Behindertenpädagogik 1989, 28 (1), 4-48. - Feuser, G.: Behinderte Kinder und Jugendliche. Zwischen Integration und Aussonderung. Darmstadt: Wissenschaftliche Buchgesellschaft, 1995. -

Feuser, G.: »Geistig Behinderte gibt es nicht!". Projektionen und Artefakte in der Geistigbehindertenpädagogik. Geistige Behinderung, 1996, 35 (1), 18-25. - Feuser, G.: Gemeinsames Lernen am gemeinsamen Gegenstand. Didaktisches Fundamentum einer Allgemeinen (integrativen) Pädagogik. In: A. Hildeschmidt u. I. Schnell (Hg.), Integrationspädagogik. Auf dem Weg zu einer Schule für alle. Weinheim, 1989: Juventa (S. 19-35). - Feuser, G.: Zum Verhältnis von Sonder- und Integrationspädagogik – eine Paradigmendiskussion? In: F. Albrecht, A. Hinz u. V. Moser (Hg.), Perspektiven der Sonderpädagogik: Disziplin- und professionsbezogene Standortbestimmungen. Neuwied: Kriftel, 2000 (S. 20-44). - Feuser, G., Rödler, P., Berger, E. u. Jantzen, W.: Es gibt keinen Rest! Basale Pädagogik für Menschen mit schwersten Beeinträchtigungen. Neuwied, 2002: Luchterhand. - Fischer, E.: Welt verstehen - Wirklichkeit konstruieren. Unterricht bei Kindern und Jugendlichen mit geistiger Behinderung. Dortmund, 2004: Modernes Lernen. - Fornefeld, B.: Einführung in die Geistigbehindertenpädagogik. München, 2002: Reinhardt, 2. durchgesehene Auflage. - Fornefeld, B.: Immer noch sprachlos? Zur Bedeutung des Dialogs in der Erziehung und Bildung von Menschen mit schwerer Behinderung. In: T. Klauß u. W. Lamers (Hg.), Alle Kinder alles lehren… Grundlagen der Pädagogik für Menschen mit schwerer und mehrfacher Behinderung. Heidelberg, 2003: Winter, Edition S (S. 73-88). - Frey, H.-P.: Die Änderungsdynamik abweichender Identitäten bei Jugendlichen. In: H.-P. Frey u. K. Hausser (Hg.), Identität. Entwicklungen psychologischer und soziologischer Forschung. Stuttgart, 1987: Enke (S. 179-192). - Frühauf, T. u.a.: Geistig behinderte Kinder und Jugendliche in Deutschland heute. Geistige Behinderung 1999, 38 (2), 115-131. - GEW Baden Württemberg: Kinder und Jugendliche mit Behinderungen und besonderem Förderbedarf. Ludwigsburg, 2000: Süddeutscher Pädagogischer Verlag GmbH. - Goffman, E.: Stigma. Über Techniken zur Bewältigung beschädigter Identität. Frankfurt am Main, 1967: Suhrkamp. - Goll, J.: Neuere Ansätze zum Verständnis von geistiger Behinderung: Auf der Suche nach alternativen Begriffen und Zugangsweisen. In: H. Goll u. J. Goll (Hg.), Selbstbestimmung und Integration als Lebensziel. Hammersbach, 1998: Wort im Bild (S. 15-31). - Haeberlin, U.: Wehret der wirtschaftspolitischen Perversion schulischer Integration! Vierteljahreszeitschrift für Heilpädagogik und ihre Nachbargebiete 1998, 67 (4), 313-318. - Hausotter, A. u. Pluhar, C.: Lehrpläne im Kontext integrativer Arbeit. In: I. Boban u. A. Hinz (Hg.), Gemeinsamer Unterricht im Dialog. Vorstellungen nach 25 Jahren Integrationsentwicklung. Weinheim, 2004: Beltz (S. 77-89). - Hinz, A.: Heterogenität in der Schule. Integration – Interkulturelle Erziehung – Koedukation. Hamburg, 1993: Curio-Verlag. Erziehung und Wissenschaft. - Hinz, A.: Störendes Verhalten in der Schule – was können wir tun? In: G. Theunissen (Hg.), Verhaltensauffälligkeiten – Ausdruck von Selbstbestimmung? Bad Heilbrunn, 2001: Klinkhardt, 2. erweiterte Auflage (S. 115-133). - Hömberg, N.: With a little help from your friends. Unterstützte Kommunikation im integrativen Unterricht. In: E. Wilken (Hg.), Unterstützte Kommunikation. Eine Einführung in Theorie und Praxis. Stuttgart, 2002: Kohlhammer (S. 109-129). - Jantzen, W.: Die soziale Konstruktion von schwerer Behinderung durch die Schule. In: T. Klauß u. W. Lamers (Hg.), Alle Kinder alles lehren… Grundlagen der Pädagogik für Menschen mit schwerer und mehrfacher Behinderung. Heidelberg, 2003: Winter, Edition S (S. 51-72). - Kautter, H., Klein, G., Laupheimer, W. u. Wiegand, H.-S.: Das Kind als Akteur seiner Entwicklung. Idee und Praxis der Selbstgestaltung in der Frühförderung entwicklungsverzögerter und entwicklungsgefährdeter Kinder. Heidelberg, 1995: Winter, 3. Auflage. – KMK: Empfehlungen zum Förderschwerpunkt geistige Entwicklung. 1998. http://www.kmk.org/doc/beschl/geist.pdf (23.01.2005). - Kraus, W., Stier, A. u. Bätke, K.: Integrierende Unterrichtung schwermehrfachbehinderter Schülerinnen und Schüler in der Gemeinschaft einer heterogenen Klasse Überlegungen und Beispiele aus der Schulpraxis der Schule für geistig Behinderte. Wolfenbüttel: Unveröffentlichtes Manuskript. O.J. - Lempp, R.: Sexualität und Behinderung. In: H.-P. Färber, W. Lipps u. T. Seyfarth (Hg.), Sexualität und Behinderung. Umgang mit einem Tabu. Tübingen, 2000: Attempto, 2. unveränderte Auflage (S. 13-31). - Mahnke, U.: Zwischen Selbstbestimmung und Identität. Psychologische Aspekte der integrativen Förderung bei geistiger Behinderung. Geistige Behinderung 2000, 39 (1), 40-48. - Markowetz, R.: Soziale Integration von Menschen mit Behinderungen. In: G. Cloerkes (Hg.), Soziologie der Behinderten. Heidelberg, 2001: Winter, 2. Auflage (S. 171-232). - Merz-Atalik, K.: Interkulturelle Pädagogik in Integrationsklassen – Subjektive Theorien von Lehrern im gemeinsamen Unterricht von Kindern mit und ohne Behinderungen. Opladen, 2001: Leske+Budrich. - Merz-Atalik, K.: Interkulturelle Erziehung in Integrationsklassen – Subjektive Theorien zur Interkulturellen Erziehung von LehrerInnen in mehrsprachigen Integrationsklassen (Berlin-Kreuzberg). In: G. Feuser (Hg.). Integration heute – Perspektiven ihrer Weiterentwicklung in Theorie und Praxis. Frankfurt am Main, 2003: Peter Lang (S. 105-121). - Pfründer, P.: Integration für alle? Untersuchung zum Schulbesuch eines Kindes mit schwerster Behinderung in der Allgemeinen Schule. In: T. Klauß (Hg.), Aktuelle Themen der schulischen Förderung. Heidelberg, 2000: Winter (S. 19-37). - Podlesch, W.: Schülerinnen und Schüler mit geistiger Behinderung in der Oberschule - eine unerreichbare Utopie? In: U. Preuss-Lausitz u. R. Maikowski (Hg.), Integrationspädagogik in der Sekundarstufe. Weinheim, 1998: Beltz (S. 164-169). - Prengel, A.: Pädagogik der Vielfalt. Verschiedenheit und Gleichberechtigung in interkultureller, feministischer und integrativer Pädagogik. Opladen, 1993: Leske+Budrich. - Prengel, A.: Pädagogik der Vielfalt. Verschiedenheit und Gleichberechtigung in interkultureller, feministischer und integrativer Pädagogik. Opladen, 1995: Leske+Budrich, 2. Auflage. - Preuss-Lausitz, U.: Die Kinder des Jahrhunderts. Zur Pädagogik der Vielfalt im Jahr 2000. Weinheim, 1993: Beltz. - Preuss-Lausitz, U.: Heterogene Lerngruppen. Die Chance für mehr Lernwirksamkeit und Erfahrungsreichtum. 2004, http://www.tu-berlin.de/fak1/ewi/hp/preuss_lausitz/ neumuenster10-04.pdf (31.01.05). - Reiser, H.: Wege und Irrwege zur Integration. In: A. Sander u. P. Raidt (Hg.), Integration und Sonderpädagogik. Referate der 27. Dozententagung für Sonderpädagogik in deutschsprachigen Ländern im Oktober 1990 in Saarbrücken. St. Ingbert, 1991: Röhrig (S. 13-33). - Reiser, H., Kreie, G., Klein, G. u. Kron, M.: Integration als Prozess. Sonderpädagogik 1986, 16 (3), 115-122 und 16 (4), 154-160. - Rittmeyer, C.: Gemeinsamer Unterricht in Italien am Beispiel von geistig behinderten Kindern. Heidelberg, 1999: Winter. - Rutte, V.: MAPS – wenn man gemeinsam den Unterricht planen will. In: Integration Österreich, Elterninitiativen für gemeinsames Leben behinderter und nichtbehinderter Menschen (Hg.), Materialien zur sozialintegrativen Schule. Didaktik und Praxis. Wien 1995: Zentrum für Schulentwicklung des BMUK, 5. veränderte Auflage (S. 17-24). - Schuhmann, B.: Integration im Kontext aktueller bildungspolitischer Entwicklungen. In: G. Feuser (Hg.). Integration heute – Perspektiven ihrer Weiterentwicklung in Theorie und Praxis. Frankfurt am Main, 2003: Peter Lang (S. 17-28). - Schulte-Peschel, D. u. Tödter, R.: Einladung zum Lernen. Geistig behinderte Schüler entwickeln Handlungsfähigkeit in einem offenen Unterrichtskonzept. Dortmund, 1996: Modernes Lernen. - Schuppener, S.: Teilhabe und Selbstbestimmung von Menschen mit geistiger Behinderung im Alter. Geistige Behinderung 2004, 43 (1), 36-56. - Schuppener, S.: Selbstkonzept und Kreativität von Menschen mit geistiger Behinderung. Bad Heilbrunn, 2005: Klinkhardt. - Seitz, S.: Neue Wege im Unterricht. Inklusive Didaktik als Perspektive. In: A. Fröhlich, N. Heinen u. W. Lamers (Hg.), Schulentwicklung – Gestaltungsräume in der Arbeit mir schwerbehinderten Schülerinnen und Schülern. Düsseldorf, 2003a: Selbstbestimmtes Leben (S. 275-294). - Seitz, S.: Wege zu einer inklusiven Didaktik des Sachunterrichts – das Modell der Didaktischen Reduktion. In: G. Feuser (Hg.). Integration heute – Perspektiven ihrer Weiterentwicklung in Theorie und Praxis. Frankfurt am Main, 2003b: Peter Lang (S. 91-104). - Studer, F. u. Luder, R.: Methodisch-didaktische Überlegungen zum Computereinsatz in der Einzelförderung von geistig behinderten Menschen. In: W. Lamers (Hg.), Computer- und Informationstechnologie. Geistigbehindertenpädagogische Perspektiven. Düsseldorf, 1999: Selbstbestimmtes Leben (S.

189-204). - Wagner, M.: Lebenswelt als subjektive Konstruktion – die mögliche Bedeutung des Konstruktivismus für Pädagogik und Didaktik. In: T. Klauß u. W. Lamers (Hg.): Alle Kinder alles lehren… Grundlagen der Pädagogik für Menschen mit schwerer und mehrfacher Behinderung. Heidelberg, 2003: Winter, Edition S (S. 103-113). - Wocken, H.: Gemeinsame Lernsituationen: Eine Skizze zur Theorie des gemeinsamen Unterrichts. In: A. Hildeschmidt u. I. Schnell (Hg.), Integrationspädagogik: auf dem Weg zu einer Schule für alle. Weinheim, 1998: Juventa (S. 37-52). - World Health Organization: ICF – International Classification of Functioning, Disability and Health. Geneva, 2001: World Health Organization.

Anschrift der Autorin: Dr. Saskia Schuppener, Universität Leipzig
Institut für Förderpädagogik, Abt. Geistigbehindertenpädagogik
Marschnerstraße 29, 04109 Leipzig

* * *

Freitag im Zug, irgendwo in Deutschland 2006!

Geistig behindert?!

"Englisch ist ziemlich schwierig, aber es macht auch Spaß zu lernen. Habt ihr auch Englisch?

" Nein, im L-Bereich vielleicht, das weiss ich nicht so genau. Wir haben kein Englisch"

"Was lernt ihr denn überhaupt so in der Schule?"

"Wir lernen eigentlich gar nichts. Im G-Bereich haben wir nur Textil, Werken, Straßencafe und lebenspraktisches Lernen, Selbstversorgung. Aber lernen ... im L-Bereich ist das anders, aber das ist auch anstrengend"

...unverständlich...

"... und heute so viel Süßigkeiten gegessen"

"Wir dürfen keine Süßigkeiten haben" "Warum?" *"Das ist nicht gut, sollen wir nicht"*

"Und wie ist es sonst so im Internat, wann gehst Du ins Bett?"

leise *"Um sieben Uhr"*

"Bitte, das kann doch nicht sein, Du bist doch schon 16, die Kleinen vielleicht aber Dir gegenüber ist das doch ungerecht"

"Wir müssen alle um sieben ins Bett"

"Und Du fährst dann immer freitags nach Hause? Steigst Du in O auch in den Zug nach B?"

"Nein, meine Mutter holt mich ab"

"Aber Du brauchst doch nur eine Station zu fahren, ich fahre ja in die gleiche Richtung.“

Resigniert *"Meine Mutter möchte das nicht..."*

Belauscht und voll Anteilnahme mitgeschrieben von Silke Doherr

Netzwerk Integrationsforschung

Offener Brief (Resolution) der 20.Tagung zur Integrationsforschung 2006

Sehr geehrter Herr Muñoz,

auf der 20.Tagung der Integrationsforscher/innen aus deutschsprachigen Ländern haben sich die Teilnehmer/innen vorrangig mit dem Thema Inklusion, der vollen und gleichberechtigten Teilhabe aller Menschen unabhängig von Geschlecht, Sprache, Behinderung und sozialer Herkunft beschäftigt.

In den Vorträgen und Arbeitsgruppen wurde festgestellt, dass in der Bundesrepublik Deutschland sowohl gesamtgesellschaftlich als auch insbesondere im Bildungssystem keine Chancengleichheit besteht. Die Befunde gleichen sich seit über 30 Jahren. In den Sonderschulen (Förderschwerpunkt Lernen) findet sich

- eine Überrepräsentanz der Kinder nichtdeutscher Herkunft,
- eine Überrepräsentanz der Armen,
- eine Überrepräsentanz der Jungen,
- eine Überrepräsentanz von Kindern arbeitsloser Eltern,
- eine Überrepräsentanz der Kinderreichen und
- eine Überrepräsentanz von Kindern, die von kultureller Armut betroffen sind.

Es konnte nachgewiesen werden, dass die Sonderschule nicht in der Lage ist, diese Benachteiligungen zu verringern. Dennoch werden Kinder- und Jugendliche mit Behinderungen gegen ihren und den Willen ihrer Eltern nach wie vor gezwungen, Sonderschulen zu besuchen. Es ist anzunehmen, dass diese Ergebnisse auch auf andere aussondernde Bildungsinstitutionen zutreffen. *Wir betrachten diese Tatsachen als eine strukturelle Menschenrechtsverletzung.*

Auf der anderen Seite wurde in den letzten 30 Jahren durch vielfältige Forschung und Praxis eindrucksvoll belegt, dass gemeinsames Lernen von Kindern und Jugendlichen mit und ohne Behinderung geeignet ist,

- die kognitive und sozialemotionale Entwicklung zu befördern,
- ihre soziale Integration zu unterstützen,
- das Miteinander der Verschiedenen zu gestalten und
- wechselseitige Akzeptanz aufzubauen.
- Dies mit hoher Effizienz für das Lernen des Einzelnen.

Anstoß dieser Entwicklung vor 30 Jahren waren Eltern von Kindern mit und ohne Behinderungen, die den Wert der gemeinsamen Erziehung und Unterrichtung erkannt haben.

Bei der Einlösung dieser menschenrechtsbasierten Möglichkeiten liegt die Bundesrepublik Deutschland im internationalen Vergleich weit zurück, obwohl sie mit der Unterzeichnung der Erklärung von Salamanca und der Ratifizierung der UN-Kinderrechtskonvention völkerrechtliche Verpflichtungen eingegangen ist.

Mit ihrem Besuch in Deutschland verbinden Eltern und die Fachöffentlichkeit die Erwartung, dass Sie in entscheidender Weise zur Realisierung dieser Menschenrechte in unserem Land beitragen.

Mit freundlichen Grüßen

Rheinsberg, den 18. Februar 2005

stellvertretend für das Netzwerk Integrationsforschung

Prof. Dr. Jutta Schöler Prof. Dr. Reinhard Burtscher

Unterschriftenliste

1. Achermann, Bruno, Luzern
2. Alavanda, Gabriele, Neunkirchen
3. Amrhein, Bettina, Köln
4. Anken, Lars, Landau
5. Babilon, Rebecca
6. Behr, Isabel, München
7. Behrendt, Hansjörg, Berlin
8. Benkmann, Rainer, Prof. Dr., Erfurt
9. Bönning, Hans-Reiner, Dipl. M., Berlin
10. Brill, Werner, Dr., Bielefeld
11. Brokamp, Barbara, Köln
12. Brugger Paggi, Edith, Bozen
13. Burtscher, Reinhard, Prof. Dr., Berlin
14. Degen, Christoph, Neuberg
15. Deliry, Franziska, Berlin
16. Demmer-Dieckmann, Irene, Dr., Berlin
17. Deppe, Helga, Prof. Dr., Frankfurt
18. Doose, Stefan, Lübeck
19. Dreher, Walther, Prof. Dr., Köln
20. Düring, Katrin, Dr., Schönwalde
21. E. Prammer, Eva, Diplpäd., Bad Leonfelden
22. Eichfeld, Christian, Leipzig
23. Feuser, Georg, Prof. Dr., Zürich
24. Feyerer, Ewald, Linz
25. Forcher, Heinz, Elmen
26. Garber, Franziska, Bozen
27. Geiling, Ute, Prof. Dr., Halle
28. Gille, Nicola, Halle
29. Ginnold, Antje, Berlin
30. Gloystein, Dietlind, Berlin
31. Goeke Stephanie, Ludwigsburg
32. Günther, Grit, Birkenwerder
33. Hagemann, Christine, Bielefeld
34. Hanke, Friederike, Köln
35. Hausmanns, Sibylle, Frankfurt
36. Heck, Georges, Belgien - Elten
37. Hohn, Kirsten, Hamburg
38. Hömberg, Nina, Berlin
39. Homburg, Ines, Fulda
40. Jerg, Jo, Dipl. Päd., Ludwigsburg
41. Katzenbach, Dieter, Prof. Dr., Frankfurt
42. Komorek, Michael, Berlin
43. Korff, Natascha, Bremen
44. Krämer-Kilic, Inge, Dr., Hannover
45. Kron, Maria, Prof. Dr., Siegen
46. Ladenthin, Jens, Birkenwerder
47. Mahnke, Ursula, Dr., Berlin
48. Maikovski, Rainer, Dr., Berlin
49. Mandratzi, Styliani, Berlin
50. Matt, Hedwig, Dipl. Päd., Berlin
51. Merz-Atalik, Kerstin, Prof. Dr., Ludwigsburg
52. Müller, Frank, J., Berlin
53. Münch, Jürgen, Dr., Köln
54. Niehues, Ulrike, Köln
55. Obenaus, Harald, Brandenburg
56. Paulmann, Regina, Berlin
57. Petzold, Karin, Berlin
58. Pietsch, Ina, Birkenwerder
59. Platte, Andrea, Dr., Heidelberg
60. Prammer, Willi, Linz
61. Prengel, Annedore, Prof. Dr., Potsdam
62. Preuss-Lausitz, Ulf, Prof. Dr., Berlin
63. Renner, Gregor, Dr., Berlin
64. Rödler Peter, Prof.Dr., Koblenz
65. Schnell, Irmtraud, Dr., Frankfurt
66. Schöler, Jutta, Prof. Dr., Berlin
67. Schultz, Christian-Peter, Berlin
68. Schumann, Brigitte, Essen
69. Schumann, Monika, Prof. Dr., Berlin
70. Schumann, Werner, Prof. Dr., Berlin
71. Seitz, Simone, Prof. Dr., Bremen
72. Solms, Katrinka, Berein
73. Sven, Jacobs, Dr., Flensburg
74. Terfloth, Karin, Dipl. Heilpäd., Köln
75. Textor, Annette, Berlin
76. Thiel, Maren, Halle
77. Thümmler, Ramona, Tübingen
78. Tuschel, Sonja, Dr. Wien
79. Voigt, Kathrin, Birkenwerder,
80. Weiss, Susanne, Salzburg
81. Wetzel, Kathleen, Berlin
82. Wilhelm, Marianne, Dr. Wien
83. Windisch, Matthias, Dr., Kassel
84. Wocken, Hans, Prof. Dr., Hamburg
85. Woldrich, Angela, Innsbruck
86. Wycisk, Dagmar, Birkenwerder
87. Zeisler, Katrin, Berlin
88. Ziemen, Kerstin, PD. Dr., Halle

Behindertenpädagogik, 45. Jg., Heft 1/2006, Seite 059

Klaus Rödler

Rechnen mit *konkreten Zahlen* – Neue Vorschläge für einen fördernden und differenzierenden Rechenunterricht

Rechenschwäche und Dyskalkulie sind die Oberflächensymptome eines unausgereiften inneren Zahlkonzepts. Was immer die genaue Ursache der Problematik ist: Die Struktur unserer auf dezimaler Ordnung beruhenden Zahlen wird nicht genutzt. Sie kann nicht genutzt werden, weil die Zahlen in diesem Denken abstrakt bleiben. Allenfalls bilden sie eine lange begriffliche Reihe ohne strukturierende Ordnung.

Dieses Problem ist bekannt. Unter anderem Kutzer hat auf die Folgen hingewiesen, wenn Kinder ohne klare Vorstellung des Stellenwertsystems oder gar ohne ausgebildete Invarianz bei Mengenvorstellungen versuchen zu rechnen. Sie versuchen Ergebnisse auswendig zu lernen und überbeanspruchen so die Merkfähigkeit. Seine Forderung ist daher ein am Niveau des Schülers und an der Struktur der Sache orientierter Unterricht.[I] Seine praktische Konsequenz ist die Fundierung des Zahlbegriffs durch die Thematisierung von Objekteigenschaften, Klassenbildung und der Invarianz von Mengen. Erst auf dieser Grundlage auf der Ebene von Mengen wird die Zahl eingeführt. Und erst auf die eingeführte Zahl folgt das Operieren mit Zahlen.[II] Dieses Grundmuster ›Erst Fundieren der Mengenbasis, dann Klären der Zahl, dann operieren im Zahlenraum‹ wiederholt sich bei der Zahlraumerweiterung in den Hunderter und in den Tausenderbereich.

Da bei Kutzer alles Rechnen ein Rechnen mit ›unseren‹ Zahlen ist, müssen diese geklärt sein, bevor verständig gerechnet werden kann. Hier wird ein anderer Weg vorgeschlagen, der dadurch möglich wird, weil Zahlen eingeführt werden, die als *konkrete Zahlen* ein Abstraktionsniveau unterhalb der unserigen haben. Wo Kutzer die basierenden Grunderfahrungen an abstrakten und konkret vorhandenen Mengen vermittelt, die erst durch die Verallgemeinerung in Namen und Zeichen zu Zahlen werden, stellen die Würfel als elementarste konkrete Zahl in meinem Konzept selbst Zahlen dar, welche als Abstraktion von Anzahlen in der Umwelt gewonnen werden.[III] Der Vorteil dieser Methode liegt darin, dass man sich nicht mit ›Vorarbeiten‹ beschäftigen muss, bevor man endlich zum Rechnen kommt, sondern dass das Rechnen, die Lösung mathematischer Probleme, von Anfang an im Zentrum des Geschehens steht. Rechnen wird beim rechnen gelernt, und aus diesen Erfahrungen wächst allmählich ein komplexer werdender Zahlbegriff. Unsere Zahl steht beim Rechnen nicht als Voraussetzung am Anfang, sondern als Ergebnis am Ende des Lernweges. Über weite Strecken begleitet sie uns allenfalls als Notationsform.

I Kutzer 1983, S. 8-9

II Zum Beleg dieser und der folgenden Aussagen, siehe Kutzer, 1985 S. 50 ff., den Aufbau der Schülerbände 1 und 2 sowie die Übersicht ‚Groblernziele' auf der Internetseite des Kutzer-Verlages .

III Vergl. Rödler 2006, S. S. 39 ff., siehe auch die Kästen S. 84 und S. 85

Wie unnahbar abstrakte Zahlen sein können, selbst dann, wenn wir sie recht gut zu kennen meinen, zeigt folgendes kleine Experiment.

Stellen Sie sich vor, unsere Zahlen wären das Alphabet. Wir zählten dann *a, b, c, d, e,* usw. Lassen Sie uns verabreden, nach den kleinen Buchstaben kämen die großen. Dann haben wir einen Zahlraum von über 50, den Sie dem Namen nach gut kennen. Es würde Ihnen auch keine Schwierigkeiten machen, die Zahlen vorwärts und rückwärts aufzusagen.

Nun versuchen Sie bitte, die folgenden Aufgaben zu rechnen und beobachten Sie, wie Sie das tun. (Denken Sie bitte daran, dass Sie keine anderen Zahlen kennen als die Buchstaben. Sie dürfen also nicht in unsere Zahlen übersetzen und dann rechnen.

f + c = g + e = r – f = c x d = A : c =

Haben Sie alle Aufgaben lösen können? War Ihnen das zu langwierig oder zu schwierig? Wie haben Sie gerechnet? Wie sind Sie an das Problem heran gegangen?

Sicher haben Sie die Finger benutzt, Strichlisten oder ein Zählmaterial, um die Zahlen fest zu halten. Man hat eigentlich keine andere Möglichkeit. Irgendwie muss man sich die Zahlen konkret machen, um sie fest zu halten und handhaben zu können.

Genauso rechnen Rechenanfänger. Genauso rechnen rechenschwache Kinder. Und genauso haben die Menschen schon vor etwa 30.000 Jahren ihre Rechenprobleme gelöst. Die Zahl, auf die wir zurückgreifen, ist eine *analoge Abbildung*, die zunächst noch ganz ungeordnet bleibt. Um die Anzahl der Stühle im Raum zu bestimmen (auch um mit ihr rechnen zu können), legt man auf jeden Stuhl einen Stein, und hinterher sammelt man die Steine ein. Der Steinhaufen ist die Zahl. Auf diesem Abstraktionsniveau kann man sagen: »So viele.«

Das Bedürfnis nach Exaktheit und Benennung ist noch im Hintergrund. Dennoch werden Dimensionen erahnbar und es werden Vergleiche möglich. Sind es mehr Kinder oder mehr Stühle? Wenn sich jedes Kind einen Stein nimmt, dann sieht man das. Reichen die Steine? Bleiben welche übrig? Oder geht es genau auf? Die Steine bilden als *konkrete Zahl* das *Rechenmittel.*

Interessant an diesem Beispiel ist zweierlei: Erstens wird deutlich, dass das Problem und seine Lösung nicht vom Zahlraum abhängig ist. Da wir die Zahl der Steine nicht durch abzählen in eine abstrakte Zahl übersetzen müssen, bleibt unerheblich, wie viele es sind.

Zweitens müsste man die Wirklichkeit bei diesem Problem nicht einmal in eine Zahl verwandeln. Man könnte unterhalb jeglicher Abstraktion mit der Wirklichkeit selbst rechnen, indem sich jedes Kind auf einen Stuhl setzt. Es gibt also ein Rechnen unterhalb jeglicher Zahl. Auch das ist ein wichtiger Aspekt, der im Bereich des Sachrechnens von Kindern mit kognitiven Einschränkungen ebenso Beachtung verdient wie bei Rechenanfängern. Denn sogar ohne jegliche Übersetzung der Anzahl finden im Handeln Struktur bildende Erfahrungen statt. Wie kann man Anzahlen vergleichen, die völlig unterschiedliche Elemente haben? Was heißt ›mehr‹ oder ›weniger‹? Was heißt ›gleich viel‹? Unter der Fragestellung ›Wie viele?‹ entsteht der an Anzahlen interessierte Blick, der jeglichem Rechnen voraus gehen muss. Und es klärt sich in der Erfahrung die Invarianz.

Dem Bedürfnis nach Festhalten der Anzahlen, nach ikonischer Abbildung oder weiterer Symbolisierung (also einem Zahlzeichen) kann zum Beispiel durch Strichlisten Rechnung getragen werden. Für jeden Stein einen Strich. Wieder die Erfahrung der analogen Abbildung, welche die Anzahl erhält. Die ältesten Zahldarstellungen der Menschheit haben als gekerbte Knochen diese Form und diese innere Zahllogik. Jedes zusätzliche Element ist einfach ›Eines mehr‹. Und auf dieser Ebene kann man rechnen.

IIIII + III = IIIIIIII

(Genauso haben Sie vermutlich ›f + c = i‹ gerechnet!)

Stellen wir in dieser Phase die Zahl als Zeichen oder Name in den Vordergrund, fixieren wir unter Umständen das Kind auf die Vorstellung, der Wert oder die Anzahl wäre eine Eigenschaft dieser Zahl. Die Kinder lernen dann Zahlen als Vokabeln. Doch aus den Zahlnamen und Zahlzeichen erschließt sich deren nützliche, auf dezimaler Bündelung beruhende, Struktur nicht. Zumindest nicht, solange man sich in kleinen Zahlräumen bis 20 oder gar nur bis 10 bewegt. Die abstrakt bleibenden Zahlen drängen aus sicher heraus nach keiner Ordnung oder Gliederung.

Akzeptieren wir dagegen, die innere Logik des Abzählens und erlauben den Kindern, die Zahlen in Würfel zu übersetzen und auch als Strichlisten zu notieren, so zeigt sich bei diesen *konkreten Zahlen* ein entscheidender Nachteil, der zum Vorteil wird: Die als Strichlisten oder Würfelhaufen gegenständlich gewordenen konkreten Zahlen werden bei größeren Anzahlen unübersichtlich. Aber hier gilt: *Die Übersicht geht nicht im Kind, sondern vor dem Kind verloren.* Beim einzelnen Kind und in der Klasse entsteht ein Problem. - Und damit das Bedürfnis nach einer Lösung. Zumindest entsteht die Einsicht in die Zweckmäßigkeit von Verbesserungen, die man an dieser Stelle als Lehrer ins Spiel bringen kann.

Die auf der Hand liegende Verbesserung ist das Bemühen, durch *Ordnung* Übersicht zu gewinnen. Mit diesem Mittel haben schon die Ägypter ihre Zahlen lesbar gehalten. Nie mehr als vier in einer Reihe.[IV]

IIII II + III = IIII IIII I

Heute finden wir diese Idee als Querstrich für den fünften Wert auf jedem Bierdeckel.

~~IIII~~ I + III = ~~IIII~~ IIII

IV Ifrah 1987, S. 232

Übersicht durch Ordnung kann unterstützt werden, indem man im Unterricht bei Additionen rote und blaue Würfel nimmt.

2 + 3 = 4 + 3 =

Die Fünf entsteht hier aus der ›2‹ und der ›3‹, aber während bei den meisten Rechenmitteln wie dem Kugelrahmen oder auch dem ›Kutzer-Zug‹ die Summanden im Zuge der Addition verschwinden, bleiben sie bei diesem Material optisch erhalten. Neben der Addition (die im Einzelfall noch ganz abzählend vorgenommen werden mag), werden indirekt Zahlbilder und Zerlegungen geübt. Zahlen werden als etwas in sich strukturiertes sichtbar. Und Zahlen entstehen als Ganzheiten. So erweitert sich das zunächst noch auf ungeordnete Einzelelemente und an der linearen Zahlreihe orientierte primäre Zahlkonzept.

Auf diesem Niveau der Zahl als analoger geordneter Abbildung verbleiben (mit Ausnahme einiger Montessorimaterialien) alle in der Schule üblichen Rechenmittel. Der Kugelrahmen, das Hunderterfeld, die Perlenschnüre, der ›Kutzer-Zug‹, sie alle lassen die Einzelelemente bestehen und schaffen Übersicht und Klarheit durch Ordnung. Durch Ordnung nach Zehnerreihen und teilweise nach Fünfermustern. Immerhin ist beim ›Kutzer-Zug‹ noch die nächste Stufe mit präsent, die der *konkreten Bündelung*.

Von *konkreter Bündelung*[V] spreche ich, wenn aus der nur geordneten Menge neue dimensionsgleiche Objekte hervor gehen. Beim ›Kutzer-Zug‹ sind das die Holzblöcke, welche die Dimension von 10 Würfeln, aber eine andere Form haben. Diese Blöcke repräsentieren anschaulich und offenkundig 10 Würfel, aber es sind eben keine 10 Würfel. Das hat einen doppelten Vorteil: Erstens wird es möglich, auch größere Anzahlen rationell zu legen und zu erkennen, was das handelnde Rechnen unmittelbar erleichtert. Zweitens wird bei Aufgaben mit Übergängen erstmals die Erfahrung der Bündelung als Problematik unübersehbar. Wenn ich etwa von Zwölf Fünf weg nehmen möchte, muss ich erst einen Block durch umtauschen auflösen. Das macht mir deutlich, dass ich zwar Blöcke untereinander wie Würfel handhaben kann (20 + 30 = 50 wie 2 + 3 = 5), dass aber die Blöcke eben doch etwas anderes sind als die Würfel. Die Bündelungsebenen stehen nicht unverbunden nebeneinander, sondern haben etwas miteinander zu tun. Anders als etwa der Kugelrahmen zwingen mich die Blöcke, den Zehner wirklich zur Kenntnis und die Erfahrung in mich aufzunehmen.

Allerdings hat eine Bündelung nach Zehnern, wie sie der ›Kutzer-Zug‹ vornimmt, den Nachteil, dass sie das Rechnen bis 10 als sicher und die Zahlen bis 10 als gefestigt voraussetzt. Beides ist bei rechenschwachen Kindern, die im Zahlraum bis 20 rechnen sollen, oft noch nicht gegeben. Deshalb bevorzuge ich die Arbeit mit Würfeln und Fünferstangen, was die ›Kraft der Fünf‹ nutzt, Zahlen zwischen Fünf und Zehn als

V Rödler 2006, S. 62-65

strukturiert sichtbar macht (7 = 5+2, 9 = 5+4, etc.) und bei Aufgaben mit Fünferübergang die Zerlegungen der Fünf schult.[VI]

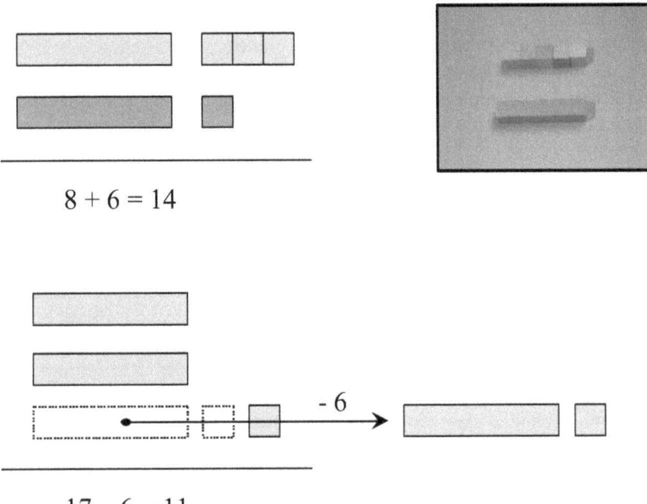

Diese Form des Rechnens macht deutlich, dass sich der Zehnerübergang mangels Zehner an dieser Stelle des Rechnens im Zahlenraum bis 20 noch gar nicht zwingend stellt. Die Zahlen dürfen durchaus noch naiv im Bild einer Reihe aufgefasst werden; - wenn nur die Anschauungsbilder dieser Zahlen strukturierte Bilder sind.

Die beiden Aufgaben zeigen deutlich, wie das Rechnen mit konkreten Fünfern einerseits anschaulich bleibt und andererseits Zahlbilder verankert, die dem Kind helfen, ein rein abzählendes Lösen zu überwinden und seinen Zahlbegriff im Blick auf Strukturierungen zu entwickeln. Das ist die zentrale Aufgabe auf dieser Stufe des Rechnenlernens und der Zahlbegriffentwicklung.

Erweitert man den Zahlraum weiter, das heißt, will man Aufgaben lösen, welche die 25 überschreiten, wird die Anzahl der gelegten Fünfer selbst wieder unübersichtlich. Statt aber nun eine neue Fünferbündelungsebene einzuziehen, also die ›*Idee der Bündelung*‹[VII] zu thematisieren, halte ich es für sinnvoll, an dieser Stelle zu Zehnern überzugehen, die zu unseren Zahlnamen passen, so dass sich das Erlernen der Zahlnamen und das handelnde Rechnen unterstützen können. Allerdings sind auch diese Zehner als Zehnerstäbe *konkrete* Zehner. Aufbauend auf das handelnde Rechnen mit Würfeln und Fünferstangen kann diese Erfahrung vor dem Hintergrund eines nun

VI Rödler 2006, S. 73 ff.
VII Rödler 2006, S. 150 ff.

gefestigten Kopfrechnens im Zehnerbereich auf Einer und Zehnerstäbe übertragen werden. Und nun macht es auch Sinn, den Zehnerübergang gezielt zu behandeln und zu routinisieren.[VIII]

Kutzer konfrontiert die Kinder bei der Erweiterung des Zahlraumes auf den Hunderter mit anderen Zahlsystemen, weil er glaubt, das Rechnen mit Zehnern sei verständig nur möglich, wenn die Bündelungsidee und das Positionssystem begriffen sei.[IX] Damit die Zahlen nicht naiv verstanden, sondern die Bündelungsebenen in den Blick gerückt werden, führt er eine positionsbezogene Sprechweise ein. Statt »vierundzwanzig« liest er »2-4«. So aber entstehen aus meiner Sicht Kunstprodukte, die wenig motivierend wirken und alleine unter didaktischer Sicht eine Existenzberechtigung haben.

Auch in meinem Konzept wird an dieser Stelle mit Bündelungen gearbeitet. Aber weil diese in Zehnerstäben konkret handhabbar sind und weil keine zweite, darüber liegende Bündelungsebene existiert, setzt das handelnde Rechnen auf diesem Niveau noch kein tieferes Verständnis des Positionssystems oder von Bündelungsebenen voraus. Ähnlich wie das rechnen im Zahlenraum bis 20 den Zehner nicht erfordert, erfordert das Rechnen bis 100 noch nicht die ›Idee der Bündelung‹. Es wird akzeptiert, dass die Mehrzahl der Kinder noch immer auf einem inneren Anzahlkonzept rechnen, das ganz im Konkreten verwurzelt ist. Lediglich eine Schreibkonvention ist zu beachten, dass nämlich erst die Zehner und dann die Einer geschrieben werden. Hier kommt die Position zum tragen. Im Material selbst spielt sie keine Rolle.

Die *Idee der Bündelung* kommt erst ins Spiel, wenn der Zahlraum in den Tausenderbereich erweitert wird, so dass die wiederkehrende Idee ›Immer 10 Elemente ergeben eine neue Bündelungsebene‹ erstmals in der Wiederholung (Zehner – Hunderter – Tausender) erfahrbar wird. Dies geschieht nach meinem Konzept zunächst durch einen Rückschritt hinsichtlich des Abstraktionsniveaus.

Große Mengen (wie eine Tüte Erbsen) werden gezählt. Und diese Erbsen lassen sich auch benutzen, um in der Umwelt große Anzahlen abzubilden.[X] Wie Anfangs die Würfel auf dem Stuhl, kann man die Anzahl der Pflastersteine im Hof bestimmen, indem man auf jeden Pflasterstein zunächst eine Erbse legt und diese Erbsen dann in einem zweiten Schritt einsammelt. So erhält man eine analoge Abbildung der Anzahl, die man in die Klasse holen kann.

VIII Zu geeigneten Aufgabentypen an dieser Stelle, siehe Rödler 2006, S. 78-82

IX Vgl. Kutzer 1985 S. 162ff zu 1981 S. 39 ff sowie 1985 S. 61-65

X Rödler 2006, S. 66, S. 89-94 und S. 150-154

Diese große Anzahl wird durch geordnetes Auflegen sichtbar gemacht. Zehnerhaufen werden gebildet, und je 10 Zehnerhaufen werden zu einem Hunderterhaufen zusammengeschoben. So entsteht eine selbst im Tausenderbereich erkennbare Anzahl. Theoretisch (und praktisch !) kann man mit diesen Haufen rechnen. Wenn etwa eine Gruppe ihr Ergebnis auflegt und eine zweite das ihrige daneben, so lässt sich die Gesamtzahl durch Zusammenlegen bestimmen.

Offensichtlich praktikabeler ist es aber, an dieser Stelle mit unterschiedlich wertigen Zählelementen *symbolische Bündelungen* einzuführen, wie sie historisch vor etwa 5000 Jahren entstanden sind.[XI] Für uns haben 10 Erbsen den Wert einer Bohne und 10 Bohnen den Wert eines Holzstabes. 10 Holzstäbe wiederum lassen sich in eine Nudel umtauschen. Und wir stellen fest: Diese Umtauschregel macht die große Zahl plötzlich ganz handlich.

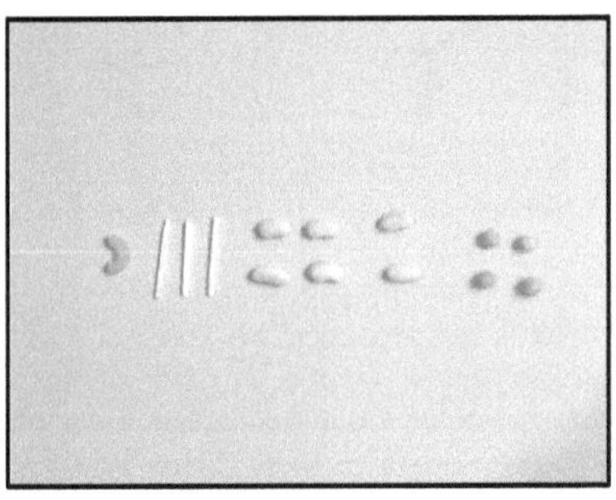

Aufbauend auf den Rechenerfahrungen mit ›konkreten Bündelungen‹ lassen sich nun mit diesen unterschiedlich wertigen Gegenständen nicht nur Additions- und Subtraktions-., sondern auch Multiplikations- und Divisionsaufgaben im Tausenderbereich hervorragend lösen.

Die Sache wird handhabbar und durchsichtig, weil die in den Ziffern und im Stellensystem versteckten unterschiedlich wertigen Bestandteile der Zahl, also die Bündelungsebenen, plötzlich sinnlich vor uns liegen.[XII]

Auf der Ebene der *symbolischen Bündelung* erfahren die Kinder beim Rechnen etwas Zentrales und bisher kaum Beachtetes: Zahlen sind Konventionen! Es sind Kunstprodukte, die dienen sollen. Der Wert ist in ihnen nicht versteckt, sondern wird ihnen von uns zugesprochen. Wir erschaffen die Zahl, indem wir ihr Bedeutung geben. Das wird noch deutlicher, wenn man die Vorgänge nicht nur handelnd ausführt, sondern auch bildlich notiert. Wenn man die in Erbsen, Bohnen und Hölzern da liegenden Zahlen malt. Dann sieht man, dass man sich sogar beliebige eigene Zeichen ausdenken könnte. Grashalme können die Einer sein, Blumen die Zehner und

---

XI Bei Ifrah finden sich zahlreiche Beispiele solcher 5.000 Jahre alter ‚Calculi' aus Susa und Uruk, die ihrerseits in der Abbildung zu frühen Zahlzeichen wurden. (Ifrah S. 184 ff)

XII Rödler 2006 Vgl. S. 89 ff.

Bäume die Hunderter. Wenn die Verabredung klar ist, kann man jede so konstruierte Zahl leicht lesen. Die ägyptischen Zahlen sind ein schönes Beispiel für Zahldarstellungen auf diesem Abstraktionsniveau.

Das Rechnen mit symbolischen Werten zeigt, dass es falsch ist, wovon die bisherige Didaktik ausgegangen ist. Dass es kein konkretes Rechnen im Tausenderraum und darüber geben könnte.[XIII] Das ist nur richtig, solange man als Zahl die unseren voraussetzt und die Rechenhandlung als Veranschaulichung der beteiligten Zahlen und des Vorganges sieht. Dann ist man verführt, die Veranschaulichung konkret zu halten. Und in diesem Fall sprengen die großen Zahlen die Dimension des Anschaulichen und Handhabbaren. Erkennt man dagegen, dass die Zahl auf unterschiedlichsten Abstraktionsstufen existiert, so öffnet das den Blick für die zugrunde liegenden Stufen, auf die unser Zahlbegriff aufbaut und die den Kindern in der Arbeit mit der Kulturgeschichte abgeschauten Rechenmitteln erfahrbar werden.

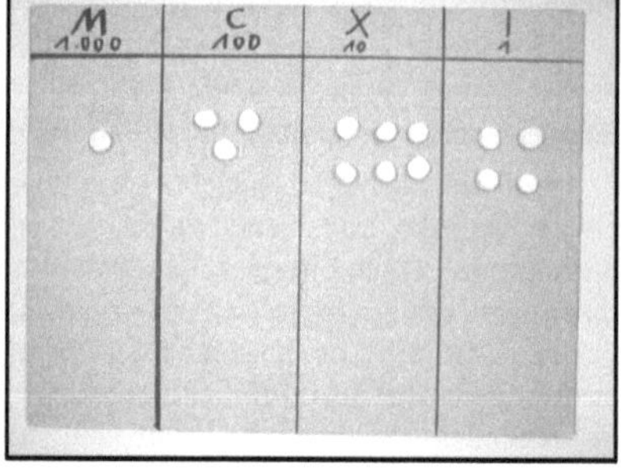

Der letzte Schritt, der aufbauend auf den Umgang mit unterschiedlichen Bündelungsebenen zu unseren Zahlen geführt hat, war die Einsicht, das die Ordnung der Werte (vom Großen zum Kleinen) es eigentlich überflüssig macht, unterschiedlich wertige Objekte zu handhaben.

Wenn die Position des Zählmittels

XIII So schreiben Schipper/Dröge/Ebeling: „Nicht konkrete Handlungen an konkreten Materialien helfen mehr, ein Verständnis für große Zahlen zu gewinnen, sondern Modellhandlungen (also nur noch vorgestellte Handlungen) an Modellvorstellungen von Materialien o.Ä. ... sind geeignet, Zahlvorstellungen auszubauen.“ 2000, S. 62

eindeutig bestimmt werden kann, ist damit schon die Bündelungsebene geklärt. Man braucht dann keine unterschiedlichen Gegenstände mehr.[XIV] Um diese Eindeutigkeit sicher zu stellen, führten die Römer das Rechenbrett ein, auf denen Spalten anzeigten, welchen Wert ein Stein an dieser Stelle repräsentiert.

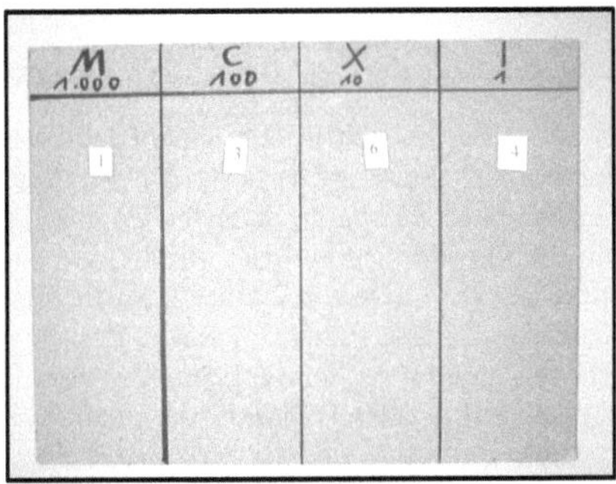

Die Umtauscherfahrungen zwischen den Bündelungsebenen vorausgesetzt, lassen sich nun auf dem Rechenbrett erneut alle Aufgaben des Grundrechnens verständig lösen.[XV] Das Besondere des an der Arbeit mit dem Rechenbrett, ist, dass sich durch das stellenweise Legen der Zahlen untereinander die Regeln der schriftlichen Rechenverfahren fast automatisch ergeben. Diese erscheinen überwiegend als Verschriftlichungen der Handlungsvorgänge am Rechenbrett.[XVI]

Wieder gilt, wie schon auf den voran gegangenen Stufen, dass der handelnde Umgang auf einem bestimmten Abstraktionsniveau, den Zahlbegriff auf dem folgenden vorbereitet und teilweise hervorbringt. Die Zahl wird bei dem hier vorgestellten didaktischen Konzept nicht vorausgesetzt, sondern sie folgt der Erfahrung des handelnden Rechnens.

Literatur:

Ifrah, Georges: Universalgeschichte der Zahlen. Frankfurt 1987 - Kutzer, Reinhard: Mathematik entdecken und verstehen (Schülerband 1). Frankfurt 1980, 1995 - Kutzer, Reinhard: Mathematik entdecken und verstehen (Schülerband 2). Frankfurt 1981 - Kutzer, Reinhard: Mathematik entdecken und verstehen (Lehrerband 1). Frankfurt 1983 - Kutzer, Reinhard: Mathematik entdecken und verstehen (Lehrerband 2). Frankfurt 1985 - Kutzer, Reinhard: Mathematik entdecken und verstehen (Lehrerband 3). Frankfurt 1991 - Rödler, Klaus: Erbsen, Bohnen, Rechenbrett: Denken durch Handeln. Seelze 2006 – Schipper, W.; Dröge, R.; Ebeling, A.: Handbuch für den Mathematikunterricht, 4. Schuljahr. Hannover 2000 - www.kutzer-verlag.de/hauptseiten/konzeption.htlm

Anschrift des Autors: Dr. Klaus Rödler, Reuterweg 69, 60323 Frankfurt a.M.

* * *

XIV Zu der Entwicklung von Rechenbrettern in verschiedenen Kulturen, siehe Ifrah 1987, S. 136-162

XV Rödler 2006, S. 95-118

XVI Rödler 2006, S. 119-134

Behindertenpädagogik, 45. Jg., Heft 1/2006, Seite 068

Ulrike Becker

Innovative Organisationsstrukturen für Schüler mit Lernbeeinträchtigungen am Schulanfang

Neues Verständnis vom Aufgabenfeld der Grundschule

In der BRD hat sich in den letzten Jahres ein neues Verständnis vom Aufgabenfeld der Grundschule entwickelt. Die Leitidee der *neuen* Grundschule stellt die *Grundschule für alle* dar. Dies bedeutet die gleichberechtigte Förderung von Kindern mit Lernbeeinträchtigungen, von Kindern aus Familien nichtdeutscher Herkunftssprache, von Kindern mit einer Lese-Rechtschreibschwäche bis hin zu hochbegabten Kindern. Ganztagsschule, Reform des Schulanfanges, Leistungsvergleiche in den Klassen 2 und 4 stellen die Eckpfeiler der Veränderung der Grundschule dar, die sich gegenwärtig in allen Bundesländern vollzieht.

Die Ausprägungen dieser Veränderung sind sehr unterschiedlich, gehen aber in allen Bundesländern mit einem neuen Verständnis von Beeinträchtigungen im Lernen sowie der emotionalen Entwicklung einher: Die sonderpädagogische Förderung in der Grundschule wird zu einer selbstverständlichen Aufgabe dieser Institution. Die Reform der Grundschule knüpft an die UNESCO-Erklärung von Salamanca an (UNESCO 1994), in der sich die BRD zur flächendeckenden schulischen Integration entwicklungsbeeinträchtigter Kinder verpflichtet hat. Die Schulentwicklung nähert sich somit an die Umsetzung von Langzeitzielen der BRD an und folgt zugleich der Integrationspädagogischen Forschung, die in den letzten Jahren in Anlehnung an internationale Entwicklungen zunehmend Beiträge zur Inklusiven Pädagogik publiziert (Prengel 1993, 2004, 2005).

Die inhaltlich sinnvollen Reformen werden aber leider in der Praxis einzelner Bundesländer so mit Sparmaßnahmen gekoppelt, dass das Scheitern der avisierten Reformen aufgrund mangelnder personeller Ressourcen ernsthaft zu befürchten ist.

Ich möchte am Beispiel Berlin überblicksartig die grundlegenden Merkmale der Grundschulreform eines Bundeslandes skizzieren, die sich gleichzeitig durch einen *Reformwunsch* und einen *Sparzwang* auszeichnet.

Danach komme ich zu der zentralen Fragestellung meines Beitrages: Wie können Schüler mit Lernbeeinträchtigungen im Verband von Grundschulklassen sozial integriert und sonderpädagogisch gefördert werden? Aufgrund meiner theoretischen Auseinandersetzung mit wissenschaftlichen Beiträgen zur konstruktivistischen Didaktik (Werning 2002; Werning, Lütje-Klose 2006), zur Psychoanalytischen Pädagogik (Becker 1995) sowie zur Reformpädagogik (Hansen-Schaberg, Schonig 2002) schließe ich auf die Notwendigkeit zweier Organisationsstrukturen, die die soziale Integration wie die Förderung von Kindern mit Lernbeeinträchtigungen unterstützen können. In meine Ausführungen fließt meine Feldkenntnis durch meine Tätigkeit als Sonderschullehrerin ein. Ich komme zu dem Ergebnis, dass »Wochenplanarbeit im offenen Klassenunterricht« sowie »temporäre Lerngruppen«

sich als Organisationsstrukturen ergänzen müssen, damit die soziale Integration und die Förderung dieser Schüler am Schulanfang gelingen kann. Ich möchte diese Strukturen in diesem Beitrag vorstellen und zum Abschluss werde ich skizzieren, wie Grundschulen die Organisationsstruktur »temporäre Lerngruppe« entwickeln und implementieren können.

Grundschulreform in Berlin

Die neuen rechtlichen Grundlagen der Grundschulreform konkretisieren sich in Berlin in folgenden Strukturveränderungen:

- **Flexible Schulanfangsphase:** Eine Klasse der Schulanfangsphase hat 24-28 Kinder, die nach zwei Schulbesuchsjahren in Klasse 3 aufrücken. Kinder, die dann noch nicht die Voraussetzungen haben, um erfolgreich die Klasse 3 besuchen zu können, verbleiben ein drittes Jahr in der Schulanfangsphase. Dieses Schuljahr wird nicht auf die Schulpflicht angerechnet. Kinder, die bereits nach einem Jahr die Lernziele der Schulanfangsphase erreicht haben, können auf Antrag der Erziehungsberechtigten vorzeitig in Klasse 3 aufrücken.

- **Vorgezogenes Einschulungsalter:** Kinder ab 5,5 Jahren müssen eingeschult werden. Heute sind die Möglichkeiten einer Zurückstellung vom Schulbesuch erheblich erschwert.

- **In den ersten beiden Schuljahren erfolgt keine Feststellung sonderpädagogischen Förderbedarfs der Schwerpunkte »Emotionale und soziale Entwicklung« oder »Lernen«:** Der Sonderpädagoge stehen stattdessen im Umfang von zwei Wochenstunden beratend dem Klassenlehrer einer Schulanfangsphasenklasse zur Seite.

- **Primarschulen erhalten »Stundenpools« zur sonderpädagogischen Förderung für alle Kinder mit Behinderungen.** Die Zuordnung von Ressourcen, d.h. sonderpädagogischen Förderstunden, zu einem behinderten Kind wird aufgehoben. Aufgrund eine Verwaltungsgerichtsurteils besteht in Berlin kein Anspruch auf eine bestimmte Stundenzahl sonderpädagogischer Förderung. Dies bedeutet, Schulen erhalten Stundenpools, die Schulleiter flexibel verwenden können.

- **Feststellung sonderpädagogischer Förderbedarfs für Kinder mit Lernbeeinträchtigungen ab Kl. 3:** Auflösung der Klassen 1-2 an den Schulen für LB sowie Abschaffung der Dehnklassen

Betrachtet man diese Änderungen, so birgt die Aufhebung sonderpädagogischer Förderung in den Klassen 1 und 2 die Gefahr, dass diese Reform mit erheblichen Stundenkürzungen einhergehen wird. Sonderpädagogisch sinnvolle Hilfen am Schulanfang können dann möglicherweise nicht umgesetzt werden, so dass wertvolle Jahre der Förderung verloren gehen können, zumal die Eltern der betroffenen Kindern meist in erschwerten sozialen Lebenslagen leben und sich nur in Ausnahmefällen selbst für die schulische oder außerschulische Förderung ihrer Kinder stark machen.

Durch die Einrichtung von Stundenpools zur sonderpädagogischen Förderung ab Klasse 3 entsteht aber auch für die Grundschulen ein Gestaltungsspielraum, der die Verankerung sonderpädagogischer Förderung als Organisationsstruktur ermöglicht. Sonderpädagogische Förderung wird kein Einzelfall an der Grundschule mehr sein, sondern zum Baustein jedes Schulprofils werden und somit zu einer Schule für *alle* beitragen.

Modellversuch Jahrgangsübergreifendes Lernen »JÜL«

In Berlin ist vor drei Jahren ein Modellversuch JÜL in den Klassen 1-3 gestartet, der als Vorläufer der jetzt flächendeckend eingeführten flexiblen Schulanfangsphase betrachtet werden kann. Im JÜL-Modellversuch werden Kinder der Klassen 1-3 in altersgemischten Klassen unterrichtet. In Berlin nehmen zahlreiche Schulen daran teil, u.a. die Werbellinsee-Grundschule in Berlin-Schöneberg, die sich die Integration von Schülern mit sonderpädagogischem Förderbedarf als selbstverständliche Aufgabe der Grundschule seit Jahren auf die Fahnen geschrieben hat.

Der Modellversuch gibt den teilnehmenden Schulen die Freiheit auf dem Gebiet des flexiblen Schulanfangs zu experimentieren, stellt aber keine zusätzlichen personellen oder materiellen Ressourcen zur Verfügung. Im Folgenden werde ich mich immer an die Erfahrungen der Werbellinsee-Grundschule anknüpfen. Ich komme zur zentralen Frage dieses Beitrages:

Wie kann die soziale Integration sowie die schulische Förderung von Kindern mit Lernbeeinträchtigungen in Klassen mit 29 Kindern unterstützt werden?

Greifen wir zunächst auf bewährten Prinzipien zur Unterrichtung von Schülern mit Lernbeeinträchtigungen zurück und prüfen, inwieweit diese in einer Klasse mit hoher Klassenfrequenz ohne zusätzliche personelle Ressourcen am Schulanfang realisiert werden können (Ellger-Rüthgardt 2003, Schröder 2000):

- Enge personelle Bindung an den Lehrer
- Der Schüler steht im Mittelpunkt des Unterrichtsgeschehens
- Lernen in kleinen Gruppen
- Unterrichtsinhalte orientieren sich am individuellen Entwicklungsstand sowie an den Stärken und Interessen der Schüler
- Handlungsorientierung im Unterricht
- Schule als Lebensort

Die Umsetzung der Prinzipien 5 und 6 hängt mehr vom Schulprofil einer Schule ab als von der Klassenfrequenz und der Höhe der Lehrerstunden, sodass dieser Aspekt sonderpädagogischer Förderung in der Grundschule mühelos realisiert werden kann. Der Tatbestand, keine Feststellung des sonderpädagogischen Förderbedarfs am

Schulanfang durchzuführen, begünstigt den Schulbesuch beeinträchtigter Kinder ohne Stigmatisierung und Etikettierung und stellt somit einen Beitrag zur Integration dieser Schüler dar.

Die Prinzipien 1-4 stellen bewährte Prinzipien der Lernbehindertendidaktik dar (Schröder 2000) und finden sich teilweise auch in neuen Beiträgen der konstruktivistischen Didaktik zur Gestaltung eines lern- und entwicklungsfördernden Unterrichtes in der Grundschule wieder: »Um lern- und entwicklungsfördernd wirken zu können, muss der Unterricht Gelegenheit bieten, in einem strukturierten, unterstützenden Rahmen aktiv tätig zu werden und selbst über das Lernende mitzubestimmen. Weiterhin soll er den Schülerinnen und Schülern Möglichkeiten der sozialen Auseinandersetzung miteinander und mit der Lehrkraft an gemeinsamen Gegenständen bieten. Der Unterricht bewegt sich damit ständig zwischen den Polen Individualisierung und Gemeinsamkeit, Offenheit und Strukturierung, kulturell vorgegeben und individuell bedeutsamen Bildungszielen, Handlungsorientierung und dem Aufbau kognitiver Lernstrategien. Die Beziehungen der verschiedenen Prinzipien lassen sich also als zwei Seiten derselben Medaille verstehen: das jeweils eine ist ohne das andere nicht denkbar, und dennoch stehen die Prinzipien in einem gewissen Spannungsverhältnis zueinander« (Werning, Lütje-Klose 2006, 135).

Die Umsetzung der Prinzipien 1-4 setzt einen engen Dialog zwischen Lehrern und Schülern voraus, was mit einem Lehrer in einer Klasse mit etwa 30 Kindern nicht geleistet werden kann. Die Erfahrungen im Modellversuch Jahrgangsübergreifendes Lernen in der Werbellinsee-Schule bestätigen bisherige Forschungen der Integrationspädagogik (Lütje-Klose 1997) und vergegenwärtigen erneut, dass Kinder mit Lernbeeinträchtigungen in der Großgruppe überfordert sind, wenn von ihnen verlangt wird, selbständig mit einem Wochenplan, den *alle* Kinder bekommen, zu arbeiten. Dies bedeutet, dass die Frage, ob Kinder mit Lernbeeinträchtigungen ihre Schule als Lebensort erleben, hängt maßgeblich vom Schulprofil sowie dem Schulklima ab, während ihre Schulleistungen stark davon abhängen, ob sie Unterstützung erfahren: »Die Bausteine, die zu einem lern- und entwicklungsfördernden Unterricht (...) beitragen, umfassen Strategien des offenen Unterrichts in Verbindung mit Förderstrategien, die zur besonderen Unterstützung von Kindern mit Lernbeeinträchtigungen herangezogen werden können«(Werning, Lütje-Klose 2006).

Im Rahmen des Modellversuchs JÜL an der Werbellinsee-Schule haben sich die Forschungsergebnisse von Werning und Lütje-Klose (2006) bestätig. In dreijähriger Erfahrung mit dem Modellversuch hat sich gezeigt, dass

- Schüler mit Lernbeeinträchtigungen besondere Strukturhilfen in der Wochenplanarbeit
- sowie eine sonderpädagogische Förderung in einer Kleingruppe, einer temporären Lerngruppe, benötigen. *Auf diese Weise wird sonderpädagogische Kompetenz in den Schulalltag der Grundschule transportiert.*

In der Werbellinsee-Schule wird seit dem Schuljahr 2005/06 mit zwei Organisationsstrukturen versucht, die soziale Integration wie die Förderung in einer jahrgangsübergreifenden Grundschulklasse zu unterstützen. Dabei greifen »Wochenplanarbeit im offenen Klassenunterricht und die Förderung in temporären Lerngruppen als innovative Organisationsstrukturen ineinander:

Wochenplanarbeit im offenen Klassenunterricht und Förderung in einer temporären Lerngruppe

Zunächst möchte ich darstellen, welche Strukturhilfen Kinder mit Lernbeeinträchtigungen entlang meiner theoretischen Forschungen sowie meiner Feldkenntnis im offenen Klassenunterricht benötigen, damit sie im Dickicht einer altersgemischten Grundschulklasse zum schulischen Lernen zurechtkommen:

Wochenplanarbeit im offenen Klassenunterricht

Im Wochenplanunterricht arbeiten die Schüler individuell und weitgehend selbst organisiert (Bannach 2002; Hansen-Schaberg/ Schonig 2002, Lütje-Klose/ Pfeifer 2001). Dies setzt eine hohe Fähigkeit zum selbständigen Arbeiten in einer großen Gruppe voraus, über die Kinder mit Lernbeeinträchtigungen ab einem Alter von etwa zehn Jahren nach einer entsprechenden Einführung in einer kleinen Lerngruppe verfügen (Reiß 1997).

In den ersten Schuljahren der Grundschulzeit scheitern diese Kinder am Verstehen der Arbeitsaufträge, an der Planung der Handlungsschritte zur Bewältigung einer Wochenplanaufgabe sowie an der Beschaffung der Arbeitsmaterialien und der Zeiteinteilung. Kinder mit Lernbeeinträchtigungen verfügen nicht über die notwendigen Lernstrategien, die zur Wochenplanarbeit in einem entsprechend eingerichteten Klassenraum notwendig sind (Bannach/ Sebold 1997, Werning 2002, Werning/ Lütje-Klose 2006). In traditionell geführten Grundschulklassen behelfen sich Kinder mit Lernbeeinträchtigungen häufig mit dem Abschreiben von Aufgaben beim Tischnachbarn oder einfach durch das Nachahmen von Mitschülern (z.B. beim Basteln). Im Wochenplanunterricht entfällt diese Möglichkeit der Orientierung weitgehend. »Um die Freiheiten im offenen Unterricht für sich nutzen zu können, benötigen die Schüler zugleich einen strukturierenden Rahmen und die Möglichkeit ihre Erfahrungen mitzuteilen und gemeinsam zu reflektieren« (Lütje-Klose 1997; Werning, Lütje-Klose 2006).

Um den Zugang zum Wochenplanunterricht in den ersten beiden Schuljahren in einer Grundschulklasse mit etwa 30 Kinder finden zu können, müssen Kinder mit Beeinträchtigungen im Lernen, die nach wie vor meistens in erschwerten sozialen Lebenslagen aufwachsen

- die kulturelle Differenz zwischen Schule und Elternhaus,
- Unterschiede im subjektiven Erleben sozialer Situationen sowie
- Hürden, durch sie kognitiv überfordernde Aufgabenstellungen,

überwinden. Dazu benötigen sie Hilfen. Diese Hilfe kann, wenn kein zweiter Lehrer zur Verfügung steht, in einer Grundschulklasse ein Wochenplan sein, der so strukturiert ist, dass er für diese Kinder als Lotse im offenen Unterricht wirkt.

Der Wochenplan für Kinder mit Lernbeeinträchtigungen muss sich im Aufbau von anderen Wochenplänen dahingehend unterscheiden. Im Gegensatz zu den in der Grundschule üblichen Wochenplänen benötigen diese Kinder einen Wochenplan, den die Kinder als eine Handlungsanleitung, wie eine Gebrauchsanweisung, *wahrnehmen* können.

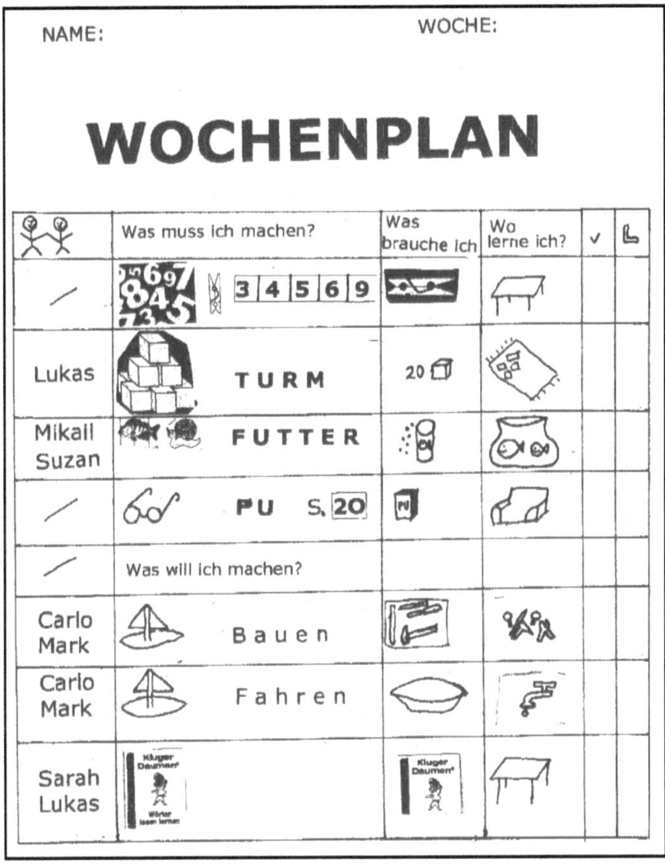

NAME: WOCHE:

WOCHENPLAN

	Was muss ich machen?	Was brauche ich	Wo lerne ich?	✓	
/	3 4 5 6 9				
Lukas	TURM	20			
Mikail Suzan	FUTTER				
/	PU S. 20				
/	Was will ich machen?				
Carlo Mark	Bauen				
Carlo Mark	Fahren				
Sarah Lukas	Kluger Daumen	Kluger Daumen			

Wochenpläne können für Kinder mit Lernbeeinträchtigungen als Lotsen im offenen Unterricht einer Grundschulklasse wirken, wenn sie

- Arbeitsaufträge als *Zeitlotsen*
- Ateliers, Materialwagen und Materialkoffer als *Raumlotsen* und
- Lernpartnerschaften als *Soziallotsen* enthalten (s.o.).

Temporäre Lerngruppen

Die VO Sonderpädagogik in Berlin sieht vor, dass entlang dem Vorbild der Förderung von Kindern mit einer Lese-Rechtschreibschwäche *temporäre Lerngruppen*

- am Schulanfang für Kinder mit Beeinträchtigungen im Lernen und/ oder der emotionalen Entwicklung und
- ab Klasse 3 für Kinder mit Beeinträchtigungen in der emotionalen Entwicklung in den Grundschulen eingerichtet werden können: »Bei Bedarf können *temporäre Lerngruppen* eingerichtet werden« (Senatsverwaltung für Schule, Jugend und Sport: VO Sonderpädagogik Berlin, 2005).

Als Merkmale einer *temporären Lerngruppe* nennt Hübner (Senatsverwaltung für Schule, Jugend und Sport Berlin, persönl. Mitteilung 2005) die zeitliche Begrenzung, das Lernen in einer kleinen Lerngruppe und die Fokussierung der Unterrichtsinhalte auf einen Lernbereich.

»*Temporäre Lerngruppen* sichern als Organisationsstruktur in der Grundschule

- den Erwerb von Schlüsselqualifikationen in den Bereichen Deutsch, Mathematik, Motorik und Wahrnehmung, Arbeitslehre, Kultur.
- das Lernen nach sonderpädagogischen Prinzipien in der Grundschule.
- eine enge Verzahnung mit dem offenen Unterricht der Grundschulklassen« (Becker 2005, 110).

Die Werbellinsee-Schule hat für das Schuljahr 2005/06 die Implementation von inhaltlich ausgerichteter *temporären Lerngruppen* geplant, in denen Kinder mit Beeinträchtigungen temporär, d.h. eine bis vier Wochenstunden, parallel zum Klassenunterricht gefördert werden. Die *temporären Lerngruppen* haben den Charakter einer Arbeitsgemeinschaft (AG). Es liegen noch keine Ergebnisse einer Evaluation vor (Becker 2005, 110).

»Temporäre Lerngruppen:

- Zirkuszelt (1.TL)- Psychomotorik
- Tischlerschuppen (2. TL) - Vorkurs AL
- Zahlenkiosk (3. TL) - Mathematik
- Zwergenschule (4. TL) - Deutsch
- Lernlabor (5. TL) – Vorkurs Nawi«

Becker 2005, 110

»Organisation des Unterrichtes in einer temporären Lerngruppe:

- -täglich eine Doppelstunde (möglichst 3.-4.Std.)
- -ritualisierter Unterrichtsablauf in 5 Phasen
- -Eine Unterrichtsphase dauert höchstens 20 Minuten (Cronbach 1975)
- -Die Unterrichtsinhalte orientieren sich an den Interessen und Stärken der Kinder und wird entlang dem kognitiven Entwicklungsstand der Kinder ausgerichtet (Hentig 1993)
- -Die Unterrichtsinhalte werden mit Inhalten des Grundschulunterrichts verknüpft
- Besuch mehrerer temporärer Lerngruppen möglich« (Becker 2005, 110)

Einrichtung von temporären Lerngruppen in einer Grundschule

Die Anerkennung von *temporären Lerngruppen* bei Lehrer, Eltern und Schülern als sinnvolle Ergänzung zum offenen Klassenunterricht hängt entscheidend vom Prozess der Entwicklung und Implementation ab (Prengel 1993, 2005; Reiser 1997). Die integrationspädagogischen Forschungen zeigen, dass die Veränderung der traditionellen Grundschule in eine Schule für alle nur positiv für die Kinder mit Lernbeeinträchtigungen verläuft, wenn alle Beteiligten gemeinsam diesen Weg gehen (Ziebarth 2004).

Checkliste »Wie starten wir temporäre Lerngruppen?«

Schulorganisatorische Voraussetzungen

- Schulleitung, Lehrer und Sonderpädagogen bilden eine AG und entwickeln gemeinsam ein Konzept »Temporäre Lerngruppen« für ihre Schule
- Vorstellung des Konzeptes auf einer Gesamtkonferenz
- Bereitstellung von Stunden für »Sonderpädagogische Förderung«

Auswahl der Schüler:

- In einer *Jahrgangstufenkonferenz* werden die Schüler gemeinsam mit den Kollegen eines Jahrganges, dem Sonderpädagogen und der Schulleitung ausgewählt (Ziebarth 2004)

Auswahl des Raumes:

- Für jede *temporäre Lerngruppen* einen kleinen Raum auswählen und nach Themenschwerpunkten ausstatten oder einen Raum zur Mehrfachnetzung mit mehreren Ateliers einrichten.

Die Erfahrung lehrt, dass es in fast jeder Schule kleine Räume gibt, die als Abstell- oder Lagerräume genutzt werden, da sie für Klassenunterricht zu klein sind.

»Temporäre Lerngruppen« als gemeinsames Projekt von Schulleitung, Lehrern, Sonderpädagogen und Eltern starten

- -Regelmäßige Beratung mit den Eltern (Becker 2004)
- -wöchentliche Teamgespräche zur Vernetzung von Klassenunterricht und dem Unterricht in temporären Lerngruppen sowie zur Differenzierung von Wochenplänen, sodass sie für Kinder mit Lernbeeinträchtigungen *Lotsenfunktion* im offenen Unterricht übernehmen können (s.o.).

Zusammenfassung:

Aufgrund der Einführung neuer rechtlichen Grundlagen für die Förderung von Schülern mit Lernbeeinträchtigungen werden neue innovative Organisationsstrukturen nötig, die die soziale Integration und Förderung dieser Kinder in der Grundschule als eine Schule für *alle* sichern.

- -Der Unterricht im Klassenverband kann dies bei sehr knappen personellen Ressourcen nicht leisten, stellt aber einen *sozialen Ort* dar und schafft Übungsfelder für Lernziele, die in den *temporären Lerngruppen* erworben werden.
- -Wochenpläne, die *Lotsenfunktion* im offenen Unterricht übernehmen, unterstützen das Lernen im Klassenverband.
- -*Temporäre Lerngruppen* sichern den Erwerb von *Schlüsselqualifikationen* und somit den Zugang zur *Teilhabe am gesellschaftlichen Leben*

Literatur:

Bannach, M.; Sebold, L.; Wehmeyer, B. (Hg.): Wege zur Öffnung des Unterrichts. München 1997. - Bannach, M.: Selbstbestimmtes Lernen. Hohengehren 2002. Schneider Verlag - Becker, U.: Trennung und Übergang. Tübingen 1995. Edition diskord - Becker, U.; Hansen, E.: Elternberatung. In: Heterogenität. Friedrich Jahresheft XXII 2004. Seelze. Friedrich Verlag, 123-124 - Becker, U.: Strukturen für Schüler mit Lernbeeinträchtigungen in der Primarstufe. In: Wachtel, P., Rumpler, F. (Hg.): Fit fürs Lernen. Würzburg 2005, 107-111. – Cronbach: Wie kann Unterricht an individuelle Unterschiede angepasst werden? In: Schwarzer, T., Steinhagen, K. (Hg.): Adaptiver Unterricht. München 1975. - Ellger-Rüthgardt, S.: Lernbehindertenpädagogik. Studientexte zur Geschichte der Behindertenpädagogik. Weinheim 2003, Basel, Berlin - Hansen-Schaberg, I., Schonig, B.: Freinet-Pädagogik. Hohengehren 2002. Schneider Verlag - Hentig, H.: Die Schule neu denken. München 1993. Wien - Lütje-Klose, B.; Pfeiffer, R.: Alexander und Cagtay schreiben Tütengeschichten. In: Grundschule, 2001, 2, 18-24 - Prengel, A.: Pädagogik der Vielfalt. Opladen, 1993. - Prengel, A.: Spannungsfelder - nicht Wahrheiten. In: Heterogenität. Friedrich Jahresheft XXII. Seelze, 2004. Friedrich Verlag, 44-47 - Prengel, A.: Anerkennung von Anfang an –Egalität, Heterogenität und Hierarchie im Anfangsunterricht und darüber hinaus. In: Geiling, U.; Hinz, A. (Hg.): Integrationspädagogik im Diskurs. Bad Heilbrunn, 2005. Klinkhardt, 15-34 - Reiser, H.: Lern- und Verhaltensstörungen als gemeinsame Aufgabe Von grundschul- und Sonderpädagogen unter dem Aspekt der pädagogischen Selektion. In: ZfH, 1997, 48.Jg., 7, 266-275 - Reiß, G.: Einführung und Weiterentwicklung von Freier Arbeit in der Schule für Lernbehinderte. Bericht über ein Pilotprojekt. In: Reiß, E.; Eberle, G.; Böhm, O. (Hg.): Offener Unterricht und Freie Arbeit mit lernschwachen Schülerinnen und Schülern. Weinheim, 1997. Basel, 9-44 - Schröder, U.: Lernbehindertenpädagogik. Stuttgart, Berlin, Köln, 2000. Kohlhammer - Senatsverwaltung für Schule, Jugend und Sport: VO Sonderpädagogik, 2005, 18.1.2005 – UNESCO: Salamanca Erklärung UNESCO, 1994. In: www.opentrend.ch/info-h/d/grundlagen.htm - Werning, R.: Sonderpädagogik. München, 2002. Oldenbourg - Werning, R., Lütje-Klose, B.: Einführung in die Pädagogik bei Lernbeeinträchtigungen. München, 2006. Ernst Reinhardt Verlag - Ziebarth, F.: Mit Symptomen in Beziehung – Bausteine zur Integration schwieriger schulischer Dynamiken. In: Preuss-Lausitz (Hg.): Schwierige Kinder – Schwierige Schüler. Weinheim, 2004. Beltz.

Anschrift der Verfasserin: Ulrike Becker, Am Steinbergpark 59, 13437 Berlin

* * *

Behindertenpädagogik, 45. Jg., Heft 1/2006, Seite 079

Uwe Findeisen

Vom Lernen bis zur Schulangst – Das Leistungslernen sorgt selbst für Lernunlust und ihre Folgen[1]

Vielfältige Erscheinungsformen der Lernunlust: Vom Lernstress bis zur Schulangst

Pädagogen kennen das Phänomen, dass sich der Lerneifer vieler Schüler und Schülerinnen (wegen der Lesbarkeit wird im Text im Folgenden die Form Schüler benutzt) aus den Anfangsklassen verändert. Ganter-Bührer (1991) und Liese (2004) haben diese Phänomene ausführlich dargestellt. Die Kinder entwickeln eine Zurückhaltung, trödeln, beteiligen sich wenig oder nicht am Unterricht, werden bei Aufgaben aufgeregt, haben Angst vor Klassenarbeiten, wollen nicht, dass andere die Noten erfahren, sind niedergeschlagen oder wütend, haben Angst, von Mitschülern auch in der Gruppe abgewertet zu werden und schwänzen Unterrichtsstunden. Sie zeigen körperliche Anzeichen von Verkrampfungen, Bauchschmerzen bis hin zum Erbrechen und entwickeln manchmal massive Schulangst, die sogar bis zum Selbstmord führen kann.

Vorherrschendes Gefühl ist oft die Angst vor Bewertung und Vergleich, die Angst, als schwach und dumm angesehen zu werden. Es ist das Gefühl von Misstrauen und Hilflosigkeit, das gegen sich selbst gerichtet ein Minderwertigkeitsgefühl, eine Selbsterniedrigung und Selbstbezichtigung – „Ich bin dumm!“ – sein kann.

Diese Gefühle, Einstellungen und damit verbundenen Verhaltensweisen sind von den schulischen Bedingungen abhängig. In anderen sozialen Situationen, z. B. in den Schulferien und unter Freunden reagieren diese Kinder ganz anders.

Warum macht Wissensaneignung überhaupt Angst?

Zu leicht ist es, wenn man das Phänomen als Problem einzelner Kinder individualisiert und anführt, dass andere Kinder die Lernsituation positiv erfahren oder aushalten. Es geht um die Schüler, die mit Vermeidung und Angst reagieren. Es finden solche Reaktionen Jahr für Jahr statt, haben also ihre Realität. Warum solche Einstellungen und Gefühle, die von der Schulunlust bis zur Schulangst reichen, notwendig mit dem schulischen Lernen zusammenhängen, dieser Frage soll im Folgenden nachgegangen werden.

Vom Wissen zum Pensum – vom Lernen zum Lerndruck

Die Frage ist: Warum kann überhaupt in der Situation des Lernens so etwas wie Angst vor dem Lernen auftauchen? Wie geht das, dass aus Lernen, also dem Aneignen von

---

[1] Der Beitrag ist die überarbeitete Fassung eines Vortrags auf dem Deutschen Psychologentag 2005, vom 10. –12. November 2005 in Berlin

Wissen, das man noch nicht kennt, Lerndruck entstehen kann? *Wissen für sich hat nicht eine Qualität an sich, die eine Wirkung von Angst erzeugt*: 2 x 2 = 4, aber nicht 4 + Vermeidung oder Angst. Wissen kann nur leisten, dass es an die Stelle von Nichtwissen tritt, dass es Fehler verbessert und dass man dadurch sogar klüger wird.

Auch die Zeit, die man für das Lernen benötigt, hat beim Lernen einen nachgeordneten Stellenwert und ist keine Eigenschaft des Wissens. Die Zeit ist dem Lernen, das in der Zeit abläuft, äußerlich. Wenn wir eine Sache verstehen wollen, dann studieren wir entsprechende Bücher und benötigen jeweils die individuell Zeit dafür, bis wir die Sache verstanden haben. Dabei leitet uns nur die Abfolge der Gedanken – auch bei der Literatur, die wir genießen wollen – und wir stellen am Ende fest, wie lange wir gebraucht haben. *Das Wissen selbst legt nicht fest, in welcher Zeit es verstanden werden will oder soll.* Zeitdruck ist also kein selbstverständlicher Bestandteil von Lernprozessen.

Erst wenn man Lernprozesse so organisiert, dass man eine Durchschnittszeit fürs Lernen festlegt, sorgt man auch für eine Veränderung des Wissensinhaltes. Das Wissen wird in ein Pensum verwandelt. Damit wird so getan, als schriebe das Wissen vor, dass es in der und der Zeit verstanden werden müsse, so als wäre die Zeit ein Attribut des Wissens.

Dem entsprechen Vorwürfe wie „Jetzt hast du das immer noch nicht verstanden". Anstatt dem Kind beim Inhalt zu helfen, fordert man, dass dieser Inhalt doch wohl in einer Stunde verstanden werden müsse. Mit einem solchen Vorwurf ist man schon auf die Verwandlung des Wissens in ein Pensum hereingefallen.

Unterrichtsformen, in denen die Durchschnittszeit verlängert ist, haben für die Kinder einen den Lerndruck mindernde Wirkung. Und schon die Zeitzugabe für eine Klassenarbeit als Nachteilsausgleich für Schüler mit Entwicklungsstörungen oder die zeitweilige Aussetzung der Benotung zeigen, dass die Festlegung eines Pensums nicht allein vom Interesse der Wissensvermittlung bestimmt ist. Es handelt sich um die anerkannten Ausnahmen im System von Pensum und Lerndruck, das mit dem Anspruch der individuellen Leistungsdifferenzierung – im Rahmen des Möglichen - ergänzt wird.

Lernprozesse, die die Wissensaneignung mit einer vorgegebenen Zeitgabe verknüpfen, organisieren also prinzipiell nicht ein Lernen, bei dem man sich Mühe gibt, jedem Lerner die sachlichen Hilfen zum Verstehen zu geben, sondern ziehen eine Zeitgrenze, durch die aus dem Wissen ein didaktisch gegliedertes Pensum gemacht wird, an dem nun jeder Lerner gemessen wird und einzelne Lerner scheitern müssen. Wenn man eine Durchschnittszeit für das Lernen festlegt, dann scheitern nicht alle am Lernen, aber man hat einen Leistungsdruck geschaffen, an dem sich alle orientieren müssen und den einige nicht schaffen. *Wissen in ein Pensum zu verwandeln, macht aus dem Lernen, der Vermittlung und dem Begreifen von Wissen, nun einen ständigen Lerndruck.* (Vgl. Huisken (1992) und Tiedemann (1977))

Die individuelle Leistung zählt nur im Verhältnis zum Leistungsstandard

Von dem Lernen unter Zeitdruck wird nun behauptet, dass es auf die eigene Leistung ankomme und von dieser abhänge, was man erreicht.

Die eigene Leistung benennt das Verhältnis von Anstrengung und erreichtem Resultat und wird sich bei den Lernenden unterscheiden, je nach den Voraussetzungen, die sie in die Schule mitbringen. Die Behinderten- und Heilpädagogik kennen die Abhängigkeit der Lernerfolge von den individuellen Entwicklungsstörungen. So kann das Erreichen des Ziels verschiedene Anstrengungen erfordern. Für die, die eine stärkere Anstrengung benötigen, wird man entsprechend bessere Mittel und Hilfen zur Verfügung stellen müssen, als für andere. Damit die Wissensunterschiede und Leistungsunterschiede für den Lernenden überwindbar sind, wäre eine wechselseitige Hilfe und Kombination aller Leistungen zu organisieren. Dabei würden die Kinder sicher mehr lernen, als sie es unter Leistungsdruck tun. Folge dieser Vernachlässigung ist, dass in Deutschland jedes Schuljahr ca. 8 Prozent der Schüler – das sind über 80 000 Schüler - die Institution Schule ohne Hauptschulabschluss verlassen.

Gerade die Festlegung einer Durchschnittszeit des Lernens führt einen Vergleich zwischen den Lernenden ein, bei dem die Leistung des Einzelnen nur zählt im Vergleich zum Durchschnitt. Es besteht nicht das Interesse, dass jeder Lernende die Zeit und Mittel erhält, die er benötigt. Stattdessen kommt es zu einer Art Durchschnittsbehandlung – man kann auch sagen Gleichbehandlung –, die zu einem Umgang führt, welche die Fehler des Lernenden nun gegen seinen Lernprozess und ihn wendet.

Auch die Einführung von Bildungsstandards geht davon aus, dass Kinder an ihnen scheitern: „Bildungsstandards in einem ersten Schritt sofort als Mindeststandards zu definieren, birgt die Gefahr, einerseits Schülerinnen und Schüler massiv zu unterfordern, aber andererseits auch größere (! U. F.)Teile der Schülerschaft durch überzogene Bildungsstandards zu überfordern. Vor diesem Hintergrund hat sich die Kultusministerkonferenz darauf verständigt, zunächst Regelstandards zu definieren. Mit den Regelstandards ist zunächst ein mittleres (! U. F.) Anforderungsniveau definiert worden." (Kultusministerkonferenz (2004), S. 13) Die Rücksichtnahme darauf, dass Lernprozesse immer individuell ablaufen, besteht also darin, dass man mit den neuen Ansprüchen an die Schülerschaft nicht einen zu großen Teil scheitern lassen will, sich folglich lediglich über den Prozentsatz des Scheiterns Gedanken macht.

Während also sozusagen von oben die Bedingungen und das Niveau für Erfolg und Scheitern festgelegt werden, wird von den Schülern einerseits Anstrengung und Leistung verlangt. Aber diese individuelle Leistung zählt andererseits nicht für sich, sondern sie wird ständig verglichen mit der Leistung der anderen in der Klasse und mit den neuen nationalen Bildungsstandards.

Leistungslernen ist also ein Lernen, bei dem von jedem die Anstrengung abverlangt wird und das Resultat der Anstrengung von dem Vergleich der Leistungen abhängt, wobei dann bei den Kindern gemessen am Standard der Unterschied festgehalten wird – in den Noten.

Die Note ist die objektivierte Form, die individuelle Leistung funktional zu beurteilen

Noten messen nicht die individuelle Leistung, sondern abstrahieren von deren Qualität, schaffen eine quantitative Hierarchie, in der Schüler danach sortiert werden, wer wegen des Aushaltens des Lerndrucks bessere Chancen für den Schulverlauf erhält und wer weniger. Die eigene Leistung der Schüler kann die Bedingungen für die geforderten Ziele selbst nicht bestimmen, sie sind als Pensum und Notensystem vorgegeben. *Also kommt es auf die eigene Leistung so an, dass sie benutzt wird, nicht aber in dem Sinn, dass sie der Maßstab des Lernens ist.*

Wenn das Lernen unserer Kinder nach dem Prinzip von Pensum und Notendruck organisiert ist, dann liegt ein Benutzungsverhältnis von Wissen vor, dessen Zweck außerhalb des Wissens liegt. Pensum und Leistungslernen benutzen die Vermittlung des Wissens an die Kinder dafür, Lernunterschiede nicht aufzuheben, sondern zu verfestigen und so eine Sortierung der Kinder – auch als Selektion bekannt – für die Verteilung auf ein Schulsystem durchzusetzen, das auf die Hierarchie der Berufe vorbereiten soll. Bartnitzky zeigt dieses Selektionsinteresse an den Vergleichsarbeiten Vera: „Sie befördern den selektiven Charakter der Schule, indem sie direkt in die Übergangsentscheidungen eingreifen: Sie wurden an den Anfang der Klassen 4 platziert, die Anforderungen sind auf drei Fähigkeitsniveaus zugeschnitten, die Ergebnisse werden entsprechend den Eltern mitgeteilt. Die Eltern erfahren also, ob ihr Kind elementare (Niveau 1), erweiterte (Niveau 2) oder fortgeschrittene Fähigkeiten besitzt (Niveau 3). Was liegt näher, als die drei Niveaus den drei weiterführenden Schulen zuzuordnen? Aus dem beabsichtigten Instrument zur weiteren Schulentwicklung wird ein Ausleseinstrument für das gegliederte Schulsystem." (Bartnitzky (2005), S. 6)

Wenn man für diesen Zweck das individuelle Lernen als schulisches Pensum und Leistungsdruck organisiert, dann hat es Schule mit den Folgen zu tun, für die sie die Voraussetzungen an den Schülern selbst herstellt.

Vom Lernen zur Anerkennung der Person

Über dieses Benutzungsverhältnis sind sich Schüler nicht im klaren, sie stehen unmittelbar in der Leistungskonkurrenz und wollen darin erfolgreich sein – und sie wissen auch nicht, dass grundsätzlich nicht alle darin erfolgreich sein können. Für sie ist es so, als sei allein ihre Leistung der Grund für den Stand, den sie erreicht haben. Und das erscheint ihnen auch praktisch so, da sie kein anderes Mittel in der Schule erhalten als das, sich durch eigene Anstrengung im Leistungsvergleich zu den Erfolgreichen hoch zu arbeiten. Dieses Mittel ist aber keineswegs dazu geeignet, dass alle Schüler erfolgreich sind. Als Resultat seiner Anstrengung erhält jeder Schüler eine Anerkennung in Form einer Note. Die Note zeigt ihm, in welchem Verhältnis zum Durchschnitt er steht, sie ist im Zeugnis zusammengefasst quasi die Urkunde, wie und ob er sich bewährt hat. (Der Grund für die Note beim Lernen ist das staatliche

Interesse der Sortierung der Schüler für ihre spätere Berufsbenutzung – oder soll man sagen freie Berufswahl.)

Damit entsteht eine Einschätzung der eigenen Leistung: Vom Resultat der Note schließen Schüler auf die Leistungsfähigkeit der Person und meinen, nur die eigene Anstrengung sei der Grund für das Resultat. Es ist aber eine Verwechslung von Folge und Grund. Man hat mit seiner Anstrengung gar nicht die Bedingungen in der Hand. Bartnitzky hat einmal gesagt: „Nirgendwo ist der Lerneifer so groß wie in den Anfangsklassen." (Nüberlin(2002), S. 113) Anscheinend machen Schüler in der Schule Erfahrungen darüber, wie es in der Schule auf Lernen ankommt, die das Interesse am Wissen relativieren. Schüler, die alles wissen wollen und daher aufmerksam dem Unterricht folgen, sind die Ausnahme. Die These ist, dass Kinder sehr bald lernen, dass es in der Schule um Anerkennung geht und weniger um Wissen. An der Form des Lernens erkennen Kinder, auch wenn es nie Thema in einem Unterrichtsfach ist, dass die Wichtigkeit von Wissen in der Schule und erst recht im wirklichen Leben – das manchmal als Wissensgesellschaft überhöht wird - nur bedingt gilt. Ca. 30 Prozent der Schüler einer Umfrage meinen: „Mit dem, was wir in der Schule lernen, kann ich außerhalb der Schule zur Zeit wenig anfangen." „Der Schulstoff interessiert mich nicht" (Nüberlin (2002), S. 148) Sie lernen, weil sie eine Note erreichen wollen und viel Wissensstoff erscheint ihnen nach der Prüfung auch wieder unwichtig.

Schüler lernen also auch mit Wissen so umzugehen, dass sie nach seinem Nutzen für die Anerkennung durch die Note fragen. Braucht man das, was der Lehrer sagt, für die Klassenarbeit, ist es prüfungsrelevant oder nur Zusatzwissen, kann ich es abschreiben, wieviel muss ich lernen, damit ich eine 4 schaffe, kann ich die 5 mit einer 2 ausgleichen? Es sind alles Umgangsweisen, an denen man merkt, dass Schüler für ihren Erfolg in der Schule anders kalkulieren, als sich einfach für das Wissen und seinen Inhalt zu interessieren. *Die Schule sorgt also selbst dafür, dass Kinder den Unterricht danach befragen, ob er für die notenmäßige Anerkennung nützlich ist. Die Haltungen der Kinder zum Lernen sind daher nicht vom Lerninteresse geleitet.* Sie lassen sich u. a. durch folgende Gesichtspunkte leiten:

- Zensuren sind das wichtigste Lernmotiv
- Die Prüfungsrelevanz wird zum Kriterium für Interessensgebiete
- Lernen wird zum Pauken
- Verhaltensweisen werden benutzt, die den Schein von Wissen vorspiegeln

Das Notensystem selbst sorgt dafür, dass die Schüler den Lernstoff daran relativieren, ob er ihnen für ihre Note dient. Wenn die schlechte Note sowieso erwartet wird oder man sie sich leisten kann, dann ist damit das Interesse an Wissen – obwohl man damit klüger werden könnte – relativiert.

Eltern kennen die Streitereien mit ihren Kindern um die Berechtigung von Aufgaben, wenn sie nicht aufgegeben wurden oder nicht der Vorbereitung auf die Klassenarbeit dienen.

Auch das Interesse, dass Kinder ein Thema systematisch erarbeiten und es dann wegen der logischen Schritte besser im Gedächtnis behalten können, wird durch stures Auswendiglernen ersetzt, das bis zur nächsten Klassenarbeit reicht. Ganz anders sieht es aus, wenn Kinder sich z. B. für ein technisches oder anderes Wissensgebiet interessieren, dann ‚hängen sie sich rein' und beherrschen bald die Systematik.

Die Schule bietet ihnen dagegen die Möglichkeit, auch mal ihr Nichtwissen als Wissen vorzutäuschen. Abschreiben der Aufgaben, sich prophylaktisch melden, Aufmerksamkeit vorspiegeln usw. Solche Verhaltensweisen sind bekannt und sie werden geduldet, vielleicht weil sich darin wenigstens noch die Pflichterfüllung zu Wort meldet.

Mit all diesen Maßnahmen können Schüler den Erfolg aber nicht sicherstellen. Das Notensystem ist so eingerichtet, dass es die Anerkennung für die Leistung des Einzelnen an die Konkurrenz der Leistungen aller und an die Standards bindet und daher die individuelle Anstrengung einem äußeren Vergleichsmaßstab unterordnet, für den die Noten 1-6 zur Verfügung stehen. *Wenn Schüler sich an die Methode „Lernen für Anerkennung" halten, können sie nicht sicher sein, dass der Erfolg sich einstellt. Es entsteht daher besonders für die Schüler, die zu den Erfolglosen gehören, das Bedürfnis ihren Misserfolg und die Gründe des Erfolgs der anderen zu erklären.* Warum funktioniert bei ihnen die Methode „Lernen für Anerkennung" nicht?

Wie Schüler Erfolg und Misserfolg interpretieren und ihr Lernen auch subjektiv blockieren

Jeder meint, dass das Mittel zum Erfolg seine eigene Leistung sei. Es scheint so, als sei allein der Einzelne für die erreichten Erfolge und Misserfolge verantwortlich. Das ist aber die zentrale Täuschung der Leistungskonkurrenz. Richtig ist, dass Erfolg nicht ohne die Leistung zustande kommt, aber er ist nicht garantiert, weil die Leistung für eine Beurteilung im Vergleich zum Durchschnitt und Standard benutzt wird. Der Erfolg existiert nur als Chance. Wenn man nun an einer guten Note als Chance für sich festhalten will, diese sich aber nicht einstellt, dann muss man den Inhalt der Anerkennung ändern, indem man die Anerkennung von der Note als Maßstab trennt und durch die persönliche Anerkennung ersetzt. (Findeisen(2004), S. 18)

Kinder kommen nicht auf die Kritik am Leistungsdruck als funktionalisiertes Lernen, weil sie in der Anstrengung des Leistungsvergleiches das anerkannte und herrschende Verfahren für die Aneignung von Wissen sehen – wie es die ‚Erwachsenen' für sie eingerichtet haben - und dies nicht als Widerspruch des Leistungslernens durchschauen, sondern quasi als Naturform des Lernens nehmen. *Misserfolge erscheinen ihnen dann als Resultat der eigenen mangelnden Fähigkeiten. Und die Noten gelten ihnen – fälschlicherweise – als Beweis dafür. Schüler stehen damit gedanklich an einem Punkt, sich selbst die Anerkennung abzusprechen, weil sie ihnen durch die schlechte Note genommen wurde.* Die Abwendung dieser Konsequenz liegt zunächst im Kompensationsverhalten: „Man ist ja nur in zwei Fächern schlecht." usw. *Dann besteht die Lösung in der Trennung der Anerkennung vom Maßstab der Noten. Damit haben diese Schüler ihren Misserfolg anerkannt und sehen auch keinen*

Weg durch Lernen den Anschluss zu bekommen. Ihre weiteren Einstellungen, Gedanken und Verhaltensweisen können also den schulischen Misserfolg nicht verhindern, da diese gar nicht auf das Wissen, zielen, das ihnen fehlt. Es geht um das Feld der persönlichen Anerkennung, um das Selbstbild, für das man nun um Anerkennung kämpft.

Die Unzufriedenheit mit dem Schulerfolg erhält verschiedene Erklärungen, die den Lernstoff, den Lehrer oder sich selbst als schlechte Bedingung für den Erfolg behandeln. Diese Erklärungsmuster lassen sich für den Analytiker schnell widerlegen, sind aber für den Schüler Entschuldigungen für die nicht erreichte Anerkennung, um die es ihm weiterhin geht. Röhrig hat sie systematisch dargestellt. Zusammengefasst einige Schülerurteile:

Den Lernstoff könne man nicht verstehen

Andere Kinder, die ihn verstehen, sind schon der Gegenbeweis. Zugleich ist es aber eine Denkfigur, die die Selbstanerkennung rettet, denn der Misserfolg liegt nicht an einem selbst, sondern an der Sache.

Die Noten würden ungerecht benutzt

Auch bei diesem Gedanken, der der Notengebung einen immanenten Widerspruch unterstellt, will man trotz des Vergleichs mit den gut benoteten Schülern von sich ablenken. Der Lehrer habe das Instrument der Noten falsch eingesetzt.

Der Lehrer motiviere einen nicht

Man fordert eine extra Betreuung durch den Lehrer, wegen der man sich dann schon Mühe geben würde, aber so habe es der Lehrer nicht verdient, dass man eine gute Leistung bringt. Nur leider konnte der Lehrer anscheinend die guten Schüler motivieren.

Man sei faul und habe keine Lust

Damit urteilt der Schüler über seinen negativen Willen zu lernen, indem er sein Selbstbild als Willensentscheidung rettet, denn er hätte ja anders gekonnt, wenn er gewollt hätte.

Bei diesen Urteilen, die ja das persönliche Selbstbild bestätigen sollen, ist methodisch immer der erfolgreiche Schüler die Widerlegung. Diese Urteile zeigen daher, dass es um eine Entschuldigung geht, die die Vorstellung von der Fähigkeit der eigenen Person getrennt vom Notenerfolg retten will. Der Übergang von der Rettung des Selbstbildes zur Selbstverurteilung folgt mit den weiteren Misserfolgen bei der Benotung. Dann halten Schüler sich für dumm.

Man sei ein Versager

Wiederholt sich der Misserfolg über eine längere Zeit, dann betrachten Schüler sich als Versager. So wird das Scheitern bei den schulischen Lernprozessen zu einer natürlichen Eigenschaft der Person. (Röhrig (2001), S. 112 – 124)

In diesen Vorstellungen ist akzeptiert, dass die Unterschiede des Lernens sich aus der Person ergeben. Sämtliche oben aufgeführten Schülerurteile sind Hinweise auf eine Lernblockade subjektiver Art. Mit solchen Aussagen über die Schule, ihr Leistungsprinzip und ihr Notensystem durchschaut man nicht die Notwendigkeit, dass Jahr für Jahr Sieger und Verlierer die Schule verlassen, sondern macht sich allein verantwortlich dafür. Somit gehen einige Urteile so weit, zur Verurteilung der eigenen Person zu schreiten. Wer sich als Versager sieht, der weiß nicht mehr, warum er sich noch anstrengen soll. Die Angst vor dem Versagen in der Prüfung und im Leistungsvergleich wird der bestimmende Gedanke für den Schüler, der ihn darin blockiert, an den Lernstoff zu denken.

Grenzen einer individuellen Förderung im Schulsystem

Individuelle Hilfen können das Leistungsprinzip und den institutionellen Rahmen nicht beeinflussen. Das spricht nicht gegen die Nutzung aller in den verschiedenen Schultypen und Unterrichtsformen vorhandenen Fördermöglichkeiten zum Ausgleich von Nachteilen. Das spricht auch nicht gegen Gesprächstherapie, um den Schülern beim Durchschauen ihrer Selbstverurteilung zu helfen. Man wird sich bei den Hilfen klar sein müssen, dass man in dieser Form eine Sisyphusarbeit leistet, da mit dem Leistungslernen der Schule ständig neue Kinder sich zu solchen Reaktionen genötigt sehen, die - angetrieben vom Willen auf Anerkennung - zu den verschiedenen Formen der subjektiven Lernblockaden führen.

Literatur

Bartnitzky, H.: Leistungen feststellen – Fremdkörper oder Teil der pädagogischen Leistungskultur?, in: Grundschule aktuell, Nr. 89, Februar 2005, S. 3-6 - Findeisen, U.: Jugendgewalt – Von der Leistungskonkurrenz zu Selbstbild und gekränkter Ehre, in: PädForum: unterrichten erziehen, Nr. 1/2004, S. 15-20 - Ganter-Bührer, G.: Wenn Kinder nein zur Schule sagen – Schul- und Leistungsverweigerung, Entwicklungsstörung – Problematik der Schulwirklichkeit, Zürich 1991 - Huisken, F.: Weder für die Schule noch fürs Leben – vom unbestreitbaren Nutzen unserer Lehranstalten, Hamburg 1992 - Kultusministerkonferenz (Hg.):Bildungsstandards der Kultusministerkonferenz (Stand 16.12.2004), Bonn, Dezember 2004 - Nüberlin, G.: Selbstkonzepte Jugendlicher und schulische Notenkonkurrenz – Zur Entstehung von Selbstbildern Jugendlicher als kreative Anpassungsreaktionen auf schulische Antomien, Herbolzheim 2002 - Liese, L.: Die Angst vor der Klassenarbeit – ein ‚Dauerbrenner' schulpsychologischer Arbeit, www.rbk-online.de, März 2004 - Röhrig, R.: Mathematik mangelhaft, Reinbeck 2001 (3. Aufl.) - Tiedemann, J.: Leistungsversagen in der Schule, München 1977

Anschrift des Verfassers: Uwe Findeisen M.A., Kinder- und Jugendl.psychotherapeut
Jagdhausstraße 10, 44225 Dortmund,
E-Mail: findeisen@arcor.de

* * *

Zeitschrift »BEHINDERTENPÄDAGOGIK« im Psychosozial-Verlag
Herausgeber: vds-Hessen im Verband Sonderpädagogik

1. Vorsitzende: Inge Holler-Zittlau, Barfüßerstr. 49, 35037 Marburg, Tel. 06421/21682, Fax 06421/21685, E-Mail: Holler-Zittlau@vds-hessen.com

2. Vorsitzende: Peter-Martin Stier

Geschäftsführung: Volker Karger

Schriftleitung und Redaktion Fachteil: Prof. Dr. Peter Rödler, Opernplatz 12, 60313 Frankfurt a.M., Tel.: 069/284767, FAX: +49 0261-287-100-1815, E-Mail: proeder@uni-koblenz.de

Redaktion Hessenteil: Jürgen Seeberger, Emil-Claar-Str. 10, 60322 Frankfurt a. M., Tel. 069/727030 Fax: 069/7206174, E-Mail: j.seeberger@online.de

Verlag: Psychosozial-Verlag, Walltorstr. 10, 35390 Gießen, Telefon 0641/96997818, Fax: 0641/96997819, E-Mail: info@psychosozial-verlag.de
www.psychosozial-verlag.de

Satz: Jutta Lütjen, Bad Ems

Bezugsgebühren: Für das Jahresabonnement EURO 34,- (inkl. MwSt.) zuzüglich Versandkosten. Studierende erhalten gegen Nachweis 25% Rabatt. Lieferungen ins Ausland gegen Mehrporto. Das Abonnement verlängert sich jeweils um ein Jahr, sofern nicht eine Abbestellung bis zum 15. November erfolgt. Preis pro Einzelheft EURO 10,50, pro Doppelheft EURO 18,-. Bei Mitgliedschaft im vds-Hessen Fachverband für Behindertenpädagogik ist der Preis für ein Abonnement bereits im Jahresmitgliedsbeitrag enthalten.

Bestellungen und **Abo-Verwaltung** über den Psychosozial-Verlag
E-Mail: bestellung@psychosozial-verlag.de

Anzeigen: Anfragen bitte an den Verlag: anzeigen@psychosozial-verlag.de

Erscheinungsweise: Vierteljährlich.

Manuskripte: Die Redaktion läd zur Einsendung von Manuskripten (ausgedruckt und als Datei) ein.

Die Deutsche Bibliothek – CIP Einheitsaufnahme:
Ein Titeldatensatz für diese Publikation ist bei der Deutschen Bibliothek erhältlich.

ISSN 0341-7301

Behindertenpädagogik, 45. Jg., Heft 1/2006, Seite 089

Behindertenpädagogik in Hessen

Schwerpunktthema: Neue Chancen für Förderschüler?!

Jürgen Seeberger

Praxisorientierung und förderplanorientiertes Arbeiten als Chance für die Förderung benachteiligter Jugendlicher

(Gefördert von der Europäischen Union)

Seit Beginn der Schuljahres 2005/2006 arbeiten 46 Hauptschulen und sechs Förderschulen für Lernhilfe mit im Programm SchuB, Lernen und Arbeiten in Schule und Betrieb, das die Zielsetzung verfolgt, abschlussgefährdete und zu wenig qualifizierte Jugendliche aus Haupt- und Förderschulen so zu fördern, dass sie dennoch entweder einen Abschluss oder die Ausbildungsfähigkeit erreichen und sie damit eine Chance auf Integration auf dem Arbeits- und Ausbildungsmarkt erhalten.[1]

Von August 2005 bis Ende 2007 werden an 30 ausgewählten Schulen in acht hessischen Regionen etwa 840 Acht und Neuntklässler an Fördermaßnahmen teilnehmen, die der beruflichen Orientierung und/oder der Kompensierung individueller Schwächen dienen. Die Schülerinnen und Schüler, die von den acht Regionalen Bildungsnetzwerken (RegNets) in den Städten bzw. Regionen Kassel, Schwalm-Eder/Waldeck- Frankenberg, Marburg, Butzbach/Friedberg, Frankfurt, Fulda, Hanau, Wetterau und Wiesbaden gefördert werden, sind zwischen 14 und 18 Jahre alt und besuchen eine berufliche Schule oder eine Haupt-, Real- oder Förderschule.[2]

Im Rahmen der Eingliederungsmaßnahme EIBE »Programm zur Eingliederung in die Berufs- und Arbeitswelt« soll Jugendlichen und jungen Erwachsenen, die von Arbeitslosigkeit bedroht sind, der Übergang von der Schule in eine Berufsausbildung, ein Arbeitsverhältnis bzw. in vollschulische Berufsbildungsgänge erleichtert und eine Qualifikation für das nachfolgende Berufsleben gegeben werden. Das Programm EIBE läuft von 2000 - 2007 an 63 beruflichen Schulen in Hessen, bisher haben 16.000 Jugendliche an der Maßnahme teilgenommen. [3]

Die Landesregierung verfolgt mit diesen Programmen das dritte ihrer in der Königsteiner Vereinbarung festgelegten »strategischen Ziele«, nämlich die Verringerung der Anzahl der Schulentlassenen ohne Hauptschulabschluss um ein Drittel. Die Programme sind kofinanziert vom Europäischen Sozialfond, der Mittel für

---

1 Vgl., Neue SchuBkraft für abschlussgefährdete Schülerinnen und Schüler, Wiesbaden, 2005

2 Vgl., Die Entwicklungspartnerschaft RegNets, Wiesbaden, 2005

3 Vgl., Zum Lernen motivieren, für den Arbeitsmarkt qualifizieren, Wiesbaden, 2005

Sach- und Projektmittel und für Sozialarbeit bereit stellt und dem Land Hessen, das zusätzliche Lehrerstellen für die Programme schafft.

Alle Programme entwickeln Förderkonzepte für Jugendliche, die entweder keinen Schulabschluss erworben oder wenig Perspektiven dazu haben, die somit den Anforderungen des Berufslebens werden kognitiv noch emotional gewachsen erscheinen. Beschrieben werden resignierte, »schulmüde« Jugendliche, die keine Perspektive zu haben scheinen, die sich entweder von der Schule zurückziehen oder auffällig werden. Gefördert werden sollen Jugendliche mit Migrationshintergrund und Förderschüler aus Lern- und Erziehungshilfeschulen, die mit dem Abschluss ihrer Schule keine ausreichende Qualifikation für den Arbeitsmarkt erreichen können.

Das Programm SchuB (Lernen und Arbeiten in Schule und Betrieb)

In SchuB sollen ca. 900 Schüler seit dem Schuljahr 2005/2006 über einen Zeitraum von bis zu zwei Jahren mit einem Konzept gefördert werden, dass mit hohen Praxisanteilen in betrieblichen Lernorten, einem veränderten Curriculum und sozialpädagogischer Betreuung auf die Bedürfnisse dieser Schülerinnen und Schüler zugeschnitten ist. An zwei bis drei Tagen pro Woche nehmen sie an einem regulären Schulunterricht teil, der wöchentlich mindestens 20 Stunden umfasst. Priorität im Stundeplan haben die Kernfächer Deutsch und Mathematik. Dazu gibt es Unterricht in so genannten Fächerverbünden, nämlich »Wirtschaft-Arbeit-Gesundheit«, »Musik-Sport-Gestalten«, »Welt-Zeit-Gesellschaft«, »Materie-Natur-Technik« und »Religion/Ethik«, in denen die Förderung sprachlicher und mathematischer Grundlagen und Kompetenzen ebenfalls einen wichtigen Stellenwert einnimmt. Häufig beginnt der Auftakt am schulischen Lernort damit, dass die Jugendlichen ihre Erfahrungen am Praxislernort einbringen und aufarbeiten. Sie lernen, ihren Arbeitsplatz systematisch anhand gezielter Aufgaben zu erkunden, die Ergebnisse zu dokumentieren und sich und ihre Arbeit zu präsentieren.

In den vier drei- bis sechsmonatigen Praktika eignen sich die Jugendlichen praktische Kenntnisse und Fertigkeiten an und erproben sich im Anwenden von Schlüsselqualifikationen wie Pünktlichkeit, Zuverlässigkeit, Durchhaltevermögen und Teamfähigkeit. Die Jugendlichen gewinnen so eine realistische Einschätzung der in der Arbeitswelt vorherrschenden Bedingungen. Sie erproben und entwickeln ihre eigenen Fähigkeiten im Hinblick auf den späteren Arbeits- und Ausbildungsmarkt. Dies ist umso notwendiger, da es diesen Jungen und Mädchen sehr schwer fällt, sich darüber klar zu werden, was sie beruflich anstreben möchten. Zum einen sind sie häufig in ihrer persönlichen Entwicklung verzögert, zum anderen leben sie meist in prekären lebensweltlichen Bezügen. Positive Bezugspunkte zur Berufs- und Arbeitswelt bestehen im familiären Umfeld meist nur in geringem Maße. Ihre Eltern sind kaum in der Lage, sie in dieser wichtigen Entscheidung zu unterstützen. Einzig die Möglichkeit zu eigenen praktischen Erfahrungen hilft den Jugendlichen, konkrete Zielvorstellungen entwickeln zu können, was sich positiv auf die Motivation und die Lernentwicklung auswirkt. Mit traditionellem schulischem Unterricht sind solche Selbstklärungen und Zielvorstellungen nicht zu entwickeln.

Die Vorteile für die Betriebe liegen dabei auf der Hand: Sie lernen zukünftige Auszubildende oder Mitarbeiter persönlich kennen und entdecken so vermehrt Kompetenzen, die außerhalb der schulisch benoteten Kriterien liegen, die aber in den Unternehmen immer mehr nachgefragt werden. Die so genannten soft skills, Schlüsselqualifikationen oder soziale Kompetenzen sind für einen erfolgreichen Eintritt in ein Ausbildungs- oder Arbeitsverhältnis mindestens ebenso relevant, wie die schulischen Leistungen. Außerdem haben die Praxismentoren der Betriebe Gelegenheit zum intensiven Austausch mit Lehrkräften und Sozialpädagogen, sie können durch Hinweise auf fehlende Kompetenzen und Fertigkeiten auch Einfluss auf die schulischen Lerninhalte nehmen und somit dabei mithelfen, die Jugendlichen besser auf die Anforderungen nach der Schule vorzubereiten. Zum Abschluss eines jeden Praktikums erhalten die Jugendlichen eine Beurteilung, in der vor allem ihre Arbeitshaltung, ihre Arbeitsweise und ihr Sozialverhalten beurteilt wird, diese werden den Zeugnissen angefügt.

Förderplanorientiertes Arbeiten als pädagogische Kernkompetenz

Individuelle Förderplanung ist ursprünglich als Instrument sonderpädagogischer Förderung entwickelt worden, um dem individuellen Förderbedarf von Schülerinnen und Schüler im Unterricht gerecht zu werden. Sie dient dem Austausch und der gezielten Zusammenarbeit der Lehrerinnen und Lehrer, die Schülerinnen und Schüler mit besonderem oder sonderpädagogischen Förderbedarf unterrichten, fördern, therapieren oder betreuen. Beim Übertragen dieses Instrumentes in das Repertoire von Lehrkräften an Regelschulen darf nicht übersehen werden, dass das Erstellen individueller Förderpläne psychologisch-diagnostische Kompetenzen voraussetzt, die auch Bestandteil der Ausbildung von Sonderpädagogen sind. Sicherlich lassen sich aber Elemente dieses Ansatzes in die Allgemeinpädagogik transferieren.

Gerade in den Klassen der Maßnahmen SchuB, RegNets und Eibe kommt es darauf an, vorhandene Ressourcen der Jugendlichen zum Aufbau erneuter Motivation zu nutzen und ernsthafte und bewältigbare Lernziele zu formulieren. Das setzt voraus, dass Jugendliche und Lehrkräfte über vorhandene Stärken und Schwächen informiert sind, die in jeder Klasse individuell unterschiedlich verteilt sind. Förderplanorientiertes Arbeiten ist dementsprechend ein wesentlicher Bestandteil dieser Förderkonzepte. Jugendliche, die auf eine Fülle von Misserfolgserlebnissen zurückblicken, sind sehr leicht zu frustrieren. Es ist daher außerordentlich wichtig, sie zu fördern, ohne sie zu überfordern. Eine erfolgreiche Umsetzung hängt nämlich nicht zuletzt davon ab, inwieweit die vorhandenen Potenziale und Ressourcen der Jugendlichen für eine weitere Förderung der Motivation genutzt werden können«[1]

Lehrkräfte der allgemeinen und beruflichen Schulen müssen also Kompetenzen vorweisen, die so nicht Bestandteil ihrer Ausbildung sind. Dazu gehören die diagnostische Kompetenz, eine Ausgangslage zu beurteilen, daraus Förderinhalte

[1] Vgl: Neue SchuBkraft für abschlussgefährdete Schülerinnen und Schüler, Wiesbaden, 2005, S.6

Der Verband Sonderpädagogik – Landesverband Hessen e.V.
trauert um sein Ehrenmitglied

Rudolf Baumann

* 22.09.1922 30.11.2005

Herr Rudolf Baumann Schulamtsdirektor i. R. verstarb am 30.11.2005 nach einem engagierten und erfüllten Leben.

Frühe leidvolle Erfahrungen führten zu seinem großen beruflichen und politischem Engagement.

Als junger Offizier kam Herr Rudolf Baumann in Kriegsgefangenschaft, aus der er wegen seiner schweren Verwundungen nach kurzer Zeit entlassen wurde.

Wegen seiner leidvollen Erfahrungen und gleichermaßen gegen sie begann er 1946 am Pädagogischen Institut Weilburg das Studium der Pädagogik für das Lehramt an Grund-, Haupt- und Realschulen.

Schon während seiner Zeit als Lehrer in Weilmünster und Runkel bot er den leistungsmäßig schwächeren Schülern nachmittags Hilfe und Unterstützung an. In dieser Zeit gründete er auch die Hilfsschulen in Langenselbold und Weilburg und studierte neben seinem Beruf Sonderpädagogik.

1956 wurde er Rektor des Kalmenhofes in Idstein.

Seine Erfahrungen und sein sehr umfangreiches Wissen hat er mit großem Engagement während mehrerer Abordnungen im Kultusministerium in Wiesbaden einbringen können. Federführend durch ihn entstand hier auch die Idee des Schülerbetriebspraktikums für Schülerinnen und Schüler an Hauptschulen und Hilfsschulen (Schulen für Lernhilfe).

1961 kam Herr Baumann nach Frankfurt an die Hallgartenschule und wurde zum 1. Januar 1966 zum Schulrat in Frankfurt ernannt, zuständig für alle Sonderschulen und die allgemeinen Schulen seines Aufsichtsbereichs. In Frankfurt war er auch in die Ausbildung von Lehramtsanfängern eingebunden. Sein profundes Wissen um den Nachwuchs setzte er im Sinne guter Personalführung für gute Schulen ein.

Mit seiner vitalen, fröhlichen und entscheidungsfreudigen Persönlichkeit sowie seiner direkten Art war er ein manchmal nicht leichter, aber immer verlässlicher Partner mit dem steten Ziel guter Pädagogik.

1987 wurde Herr Schulamtsdirektor Baumann in den Ruhestand verabschiedet.

Der Verband Sonderpädagogik hatte in Herrn Baumann ein sehr sachkundiges und kompetentes Mitglied. Sein Wissen und Nachdenken hat er bis kurz vor seiner schweren Krankheit in die Verbandsaktivitäten eingebracht.

Wir vermissen Herrn Baumann und werden ihm ein ehrendes Angedenken bewahren.

Inge Holler-Zittlau

(1.Vorsitzende)

abzuleiten, die an Ressourcen und Fähigkeiten der Jugendlichen ansetzen und schließlich die Beratungskompetenz, den Jugendlichen beim Festlegen von Förderzielen und Förderschwerpunkten an dem Prozess zu beteiligen, gemeinsam mit ihm einen Förderkontrakt zu formulieren. Das Fortbildungs- und Weiterqualifizierungsprogramm trägt diesen Anforderungen Rechnung. Darüber hinaus gibt es Beispiele für gute Kooperationsbeziehungen zwischen Förderschulen, Beratungs- und Förderzentren und Hauptschulen und beruflichen Schulen, in denen es gelingt, die Kompetenzen von Förderschullehrern im Sinne des Projektes zu nutzen und einen Kompetenztransfer zu gewährleisten.

Geeignet für Förderschüler und -schulen?

Diese Frage kann nach den vorliegenden Erfahrungen eindeutig positiv beantwortet werden – aber weshalb ist dies so? Dass gerade Förderschulen erfolgreich in einem Modell mitarbeiten können, dass an den Kompetenzen und Potenzialen der Jugendlichen ansetzt und der Theorie- und Schulmüdigkeit handlungs- und praxisorientierte Lernräume gegenüberstellt, hat sicher mehrere Gründe. Hervorzuheben sind zum einen die traditionelle Orientierung der Förderpädagogik an handlungs- und praxisorientierten Lernformen – das Fach Arbeitslehre kann an Förderschulen zu Recht als Kernfach bezeichnet werden, zum anderen die langjährige Erfahrung der Förderpädagogik mit dem Konzept der individualisierten Förderung und der Arbeit mit Förderplänen.

Gerade diese beiden Aspekte, Praxisorientierung und Individualisierung der Förderung, stehen im Zentrum des Ansatzes von SchuB, RegNets und Eibe, die es sich zum Ziel setzen, benachteiligte Jugendlicher erfolgreich für Abschlüsse oder nachschulische Anschlüsse zu qualifizieren. Die allgemeinen Schulen vollziehen somit eine Entwicklung nach, die in der Förderpädagogik schon vor 20 Jahren eingesetzt hat; förderplanorientiertes Arbeiten wird auch in den allgemeinen Schulen zur der Methode, mit der die Förderung der sog. »Risikoschüler« besser gelingen soll als bisher, ein Lernkonzept, das im Übrigen ja auch in den erfolgreichen Pisa-Staaten schon längst praktiziert wird.

Schülerinnen und Schüler, die sich über einen längeren Zeitraum am unteren Ende der schulischen Leistungsskala bewegen, bauen mit der Zeit Lernhemmnisse auf, die oftmals eher auf psychische denn auf kognitive Barrieren zurückzuführen sind. Ein wesentlicher Aspekt der neuen Förder-Philosophie ist deshalb die Stärkung des Selbstwertgefühls der Jugendlichen. Die Lehrkräfte und Sozialpädagogen sind einem stärkenorientierten Ansatz verpflichtet. Bereits zu Beginn der Aufnahmegespräche achten sie sehr darauf, dass die Fähigkeiten und Potenziale der Jugendlichen besonders stark gewürdigt werden, während die Schwächen deutlich in den Hintergrund treten. Der Einsatz defizitorientierter Förderansätze könnte - gerade bei wenig erfolgsverwöhnten Schülerinnen und Schülern – demotivierend wirken. Und die Motivation ist letztendlich der Hebel, über den die Jugendlichen erfolgreich gefördert werden sollen und können.

Bausteine für den Erfolg der Maßnahmen

Außer dem förderplanorientierten Arbeiten gibt es in allen Maßnahmen spezielle Bausteine und Werkzeuge, die sehr gut im Sinne eines individualisierten Lernens genutzt werden können. Es sind dies vor allem:

Potenzialanalysen und *Assessmentverfahren*, also die strukturierte Untersuchung mit Praxis- und Theorieanteilen zur Feststellung des Stärken-Schwächen-Profils und der

Berufsintegrationsplan, der eine verbale Beschreibung der individuellen Fähigkeiten und Fertigkeiten enthält und Ergebnisse und Auswertungen der Potenzialanalyse und der Förderassessments, aber auch Praktikumserfahrungen u.ä. fixiert.

Speziell im RegNets-Konzept wird angestrebt, ein *Übergangsmanagement* aufzubauen und zu etablieren, hier könnte auf die Erfahrung von Alltagsbegleitungsmodellen aus der Förder- und Benachteiligtenpädagogik zurückgegriffen werden.

Ein wichtiger Erfolgsgarant ist die Komplettierung des Lernangebotes durch eine sozialpädagogische Förderung der Jugendlichen. Pro Klasse sollte »eine halbe« sozialpädagogische Fachkraft zur Verfügung stehen, die eng mit den entsprechenden Lehrkräften zusammenarbeitet und neben Einzelfallhilfen, Kriseninterventionen und einer intensiven Elternarbeit auch Trainingsmaßnahmen durchführt, die geeignet sind, die sozialen und kommunikativen Kompetenzen der Jugendlichen zu fördern.

Alle Programme streben an, in regionalen Bildungsnetzwerken mit Kammern, Arbeitsagenturen, Betrieben, beruflichen und allgemeinen Schulen und freie Träger der Jugendberufshilfe zu kooperieren, um so auf der Grundlage der spezifischen wirtschaftlichen Gegebenheiten ihrer Region gezielte Empfehlungen für weitergehende Qualifizierungen der Jugendlichen geben können.

Was hier vorliegt, orientiert sich an dem Konzept einer »trialen Bildung« mit den Komponenten einer unterrichtlichen Lebensvorbereitung, arbeitsweltbezogener Diagnostik und Qualifizierung und einem Kompetenztraining im Sinne eines »Fit for Job«. Im Zentrum einer so verstandenen Berufs- und Lebensorientierung steht dann nicht (mehr) die Vorbereitung auf eine Normalerwerbsbiografie oder der Realisierung eines bestimmten Berufsbildes, sondern richtet sich auf die alltägliche Existenzbewältigung in einer globalisierten Risikogesellschaft.[1]

Für benachteiligte Schülerinnen und Schüler ergeben sich dadurch neue Chancen und zwar unabhängig davon, ob sie in ihren schwierigen Bildungsgängen in der Förderschule gelandet oder in der Allgemeinen Schule hängen geblieben sind. Die Schnittmenge der Jugendlichen mit besonderem und sonderpädagogischem Förderbedarf in Haupt- und Förderschulen ist hoch. Eine Abgrenzung vorzunehmen fällt in der Praxis ohnehin oft schwer. Wenn es gelingt, die wesentlichen Elemente der in den Programmen entwickelten Komponenten in das schulische Regelangebot zu übernehmen, wäre ein wichtiger Schritt in der Förderung der benachteiligten

---

1 vgl. Storz / Griesinger, 2004 Baur/Mack/Schroeder, Bildung von unten denken, 2004

Jugendlicher mit ihren besonderen Lebenslagen und Förderbedürfnissen zurückgelegt. Erste Ansätze finden sich im Entwurf der neuen »Verordnung über die Ausbildung und Abschlussprüfungen in den Bildungsgängen zur Berufsvorbereitung vom 05.10.2005«. Förderplanung und ein sozialpädagogisches Angebot sind hier für alle Schüler der Berufsvorbereitungsklassen vorgesehen.

Literatur:

Hessisches Kultusministerium; Neue SchuBkraft für abschlussgefährdete Schülerinnen und Schüler, Wiesbaden, 2005; ders., Die Entwicklungpartnerschaft RegNets, Wiesbaden, 2005, ders., Zum Lernen motivieren, für den Arbeitsmarkt qualifizieren, Wiesbaden, 2005; Storz/Griesinger, Sonst verdampft das Recht auf Arbeit, in Baur/Mack/Schroeder, Bildung von unten denken, Bad Heilbronn, 2004, S 129ff

Anschrift des Verfassers

Jürgen Seeberger
Emil-Claar-Str. 10, 60322 Frankfurt
E-Mail: j.seeberger@schub-online.de

* * *

Aus der Praxis für die Praxis

Kai Adrian

»Auf dem Weg zur Projektprüfung« – Präsentations- / Visualisierungstraining am Beispiel des Projektes Mountainbikemontage

-durchgeführt mit Schülern der Hauptstufe der Hallgartenschule – Schule für Lernhilfe – in Frankfurt am Main

Einleitung

Mit der Einführung der Projektprüfung werden die Schulen und im Besonderen die Schüler vor eine neue Aufgabe gestellt. Der Fokus, der zum Erreichen des Hauptschulabschlusses bislang immer nur auf der Ebene der Wissensabfrage lag, wird nun durch die Projektprüfung um ein vielfaches erweitert. Kompetenzen der eigenständigen Projektplanung, Durchführung und der abschließenden Projekt-präsentation werden vorausgesetzt und abgeprüft. Hierbei spielt das Element der Präsentation eine übergeordnete Rolle, da sie durch die vorhergehenden Phasen beeinflusst wird. Jede Phase und jeder Arbeitsschritt muss sich in der Präsentation widerspiegeln und somit von Anfang an bedacht werden.

Die Notwendigkeit eines Präsentationstrainings ergibt sich nicht nur aufgrund der eingeführten Projektprüfung. Viel mehr wird ein Können auf diesem Gebiet heute in vielen Berufsfeldern erwartet (vgl. Apel, Hans Jürgen: Präsentieren – die gute Darstellung. S.6). Dies kann schon alleine das Verfassen einer einfachen Bewerbung oder die Vorbereitung eines Vorstellungsgespräches sein, was für Schulabgänger auf dem Weg in die Arbeitswelt von besonderer Bedeutung ist. Und »etwas mit Gesten, Worten oder Bildern darstellen zu können, um Informationen attraktiv anzubieten, Zuschauer/ Zuhörer zu interessieren und sie von der Sache zu überzeugen, beruht auf natürlichen Fähigkeiten, die jeder Mensch durch Übung mehr oder weniger vervollkommnen kann« (Apel, Hans Jürgen: Präsentieren – die gute Darstellung. S.16).

Der Aspekt der Visualisierung stellt dabei einen Schwerpunkt dar. Sie ist ein elementarer Bestandteil einer jeden kompetenten Präsentation, dient unter anderem der Strukturierung des zu vermittelnden Inhaltes, der Verdeutlichung komplexer Inhalte und hilft den Zuschauern bzw. Zuhörern sowie den Referenten nicht nur zu verstehen, sondern auch zu behalten. Die dazu benötigten Kompetenzen sind daher nicht nur für die bevorstehende Projektprüfung von Bedeutung, sondern vermitteln den Schülern auch eine neue Lernstrategie, mit der sie sich neue Lerninhalte selbständig erfolgreich erarbeiten, oder sich über das Wesentliche des zu vermittelnden Inhaltes (z.B. »was erzähle ich von mir, wie verhalte ich mich und was gestalte ich eventuell bei einem Vorstellungsgespräch?«) klar werden können. Durch die Erstellung der Visualisierungsmedien müssen sich die Schüler noch stärker mit dem zu präsentierenden Inhalt, der durchaus auch ihre eigene Person beinhalten kann, auseinandersetzen. Somit erlangen sie eine wesentlich größere Sicherheit in der zu vermittelnden Sache. Ebenso wird die Selbstsicherheit der Schüler gestärkt, was in der Projektprüfung, oder auf die Zukunft der Schüler bezogen bei Vorstellungsgesprächen, dazu beitragen kann, ihre Nervosität zu reduzieren.

Das Präsentations-/ Visualisierungstraining

1. Stufe – Vorbereitungsphase

Nach dem Vorlauf, in dem bereits Themenwahl und Gruppenfindung zumindest vorläufig abgeschlossen sein sollten, beginnt die Vorbereitungsphase. Sie dauert ca. drei Wochen, in denen das Prüfungsthema und die Projektbeschreibung (z.B. Umfang, Medien, Gliederung, Präsentation etc.) von den Schülern festgelegt werden. Da die Schüler meist viele Ideen haben, werden sie zur Unterstützung von der Schule beraten. So können nicht realisierbare Projektideen ausgeschlossen werden. Zusätzlich dient die Vorbereitungsphase der Informations- und Materialbeschaffung was im Fall dieses Präsentations-/Visualisierungstrainings nur theoretisch durch die Erstellung einer Liste der benötigten Materialien, bei gleichzeitiger Visualisierung am Flipchart, (mit Hilfe von Fachkatalogen und Fachliteratur) geschah.

Auf diesem Gebiet zeigten die Schüler kaum Schwierigkeiten. Lediglich die Beratung von »machbarem« und »nicht machbarem« während der Themenwahl stellte sich als notwendige Unterstützung heraus. Dies verdeutlicht die geringen Erfahrungswerte, die die Schüler bei der Planung, Durchführung und Präsentation von Projekten, selbst noch in der Hauptstufe, aufweisen, was zugleich die Notwendigkeit eines solchen Präsentations-/ Visualisierungstrainings rechtfertigt.

2. und 3. Stufe – Durchführungsphase und Präsentationsphase im ständigen Wechsel

Da sich die Montage eines Mountainbikes aus vielen Arbeitsgängen zusammensetzt, ist es für ein Präsentations-/ Visualisierungstraining sehr gut geeignet. So konnten die Schüler einen geplanten Arbeitsschritt ausführen, zum Teil zeitgleich Visualisierungsmaterial wie z.B. Fotos erstellen und anschließend diesen Arbeitsschritt visuell aufbereiten und sofort präsentieren. Dies ermöglichte den Schülern bis zur Endmontage des Mountainbikes eine Vielzahl von unterschiedlichen Visualisierungsformen zu erproben und dabei Vor- und Nachteile der jeweiligen Visualisierungsart eigenständig zu erkennen. Hierdurch lernten die Schüler das Verhältnis zwischen Inhalt und Visualisierungsmedium zu erkennen, zu verstehen und richtig einzuschätzen. Im Hinblick auf den Übergang von der Schule zum Beruf ist dies von Bedeutung, wenn man z.B. in einem Vorstellungsgespräch die eigene Person durch wirkungsvolle, aber nicht unverhältnismäßige Medien präsentieren möchte.

Die für diese Unterrichtseinheit veranschlagten zehn Doppelstunden gliederten sich wie folgt:

In der ersten Doppelstunde wurde das Thema besprochen, eine Liste der benötigten Materialien am Flipchart visualisiert und eine Reihenfolge der einzelnen Montageschritte festgelegt. In der zweiten Doppelstunde begannen die Schüler damit, die Gabel, den Vorbau, den Lenker, die Kurbel mit Pedalen und den Sattel zu montieren. Die nachfolgende Doppelstunde diente der Visualisierung von Teilen der bereits erfolgten Montage an der Tafel, einem den Schülern bekanntes Medium. Die vierte Doppelstunde wurde für die Montage der Laufräder genutzt, was in der darauf folgenden Doppelstunde durch eine Wandzeitung visualisiert wurde. In der sechsten Doppelstunde wurden die Bremsen, die Gangschaltung und die Kette montiert. Die Visualisierung in der folgenden Doppelstunde wurde durch eine Mischung aus realen Objekten und Magnettafel bzw. einzelnen Karten realisiert. Die achte Doppelstunde wurde dazu verwendet, die einzelnen Beträge der benötigten Fahrradkomponenten zu bestimmen und zu gruppieren (Rahmen und Gabel/ Räder und Zubehör/ Komponentengruppe), was in der neunten Doppelstunde durch eine Grafik (Säulendiagramm – Visualisierung von Zahlen) am Overheadprojektor veranschaulicht wurde. Abschließend fand in der zehnten Doppelstunde eine Abschlussreflexion statt. Hier wurden noch einmal alle erarbeiteten Visualisierungen besprochen, selbst bewertet und Vorschläge für eine mögliche Gesamtpräsentation gesammelt.

Reflexion des Präsentations-/ Visualisierungstrainings

Sieht man sich die verschiedenen Medien und Visualisierungstechniken an mit denen die Schüler während dieser Unterrichtseinheit konfrontiert wurden, so kann man sagen, dass sie einen guten Überblick über wichtige Visualisierungsmedien und Visualisierungstechniken erhalten und Kompetenzen, bzw. Kenntnisse und Fertigkeiten in diesem Bereich erwerben und ausbauen konnten. Aufbauend auf ihren Fähigkeiten und Vorerfahrungen (z.B. Erstellung einer Wandzeitung) lernten die

Schüler wichtige Kriterien der Visualisierung durch unterschiedliche Medien kennen und anzuwenden.

Ausgehend von einem Projekt, dass sich die Schüler selbst gewählt hatten, war die starke Motivation der Schüler der »Motor« des Projektes. Ohne diese Motivation, die auch dadurch gegeben war, dass die Thematik sich stark an der Lebenswelt der Schüler orientierte und einen Vergangenheits- (Schüler reparierten in der Vergangenheit schon eigene Fahrräder), Gegenwarts- (Schüler montierten ein komplettes Mountainbike, mit dem sie später auch fahren konnten) und Zukunftsbezug (Schüler erwarben technische Kompetenzen für eine eventuell spätere Ausbildung in diesem Bereich und sie bereiteten sich auf die Projektprüfung der Hauptschulabschlussprüfung vor) aufwies, wäre eine so erfolgreiche Durchführung wahrscheinlich nicht problemlos möglich gewesen.

Die Schüler erwarben hauptsächlich Kompetenzen im Bereich der Übertragung von Inhalten und Handlungen in Bilder, Schrift und Grafiken (einerseits durch die Verwendung von bestehendem Bildmaterial aus Büchern, andererseits durch eigene Zeichnungen), sowie deren inhaltliche Strukturierung und die optimale Aufteilung und Gestaltung des zur Verfügung stehenden medialen Raumes. Aufgrund der Fähigkeiten und Vorerfahrungen der Schüler stellte die Übertragung der Inhalte und Handlungen in Bilder und Texte kein großes Problem dar. Allerdings wurde sehr deutlich, welche Art der Unterstützung die Schüler bei ihren ersten Kontakten mit Visualisierung bzw. Präsentation erfahren haben (Vorstrukturierung von Wandzeitungen). Genau dieser Bereich, die Strukturierung, bzw. die optimale Ausnutzung des zur Verfügung stehenden medialen Raumes (z.B. an der Tafel, auf der Wandzeitung) zeichnete sich anfangs als problematisch ab. Hier erwies sich die Methode, die Schüler für die Präsentation der jeweiligen erstellten Medien in die Situation der Zuschauer, bzw. Zuhörer zu versetzen (Präsentation der Medien aus einer Entfernung von ca. 4 Metern), als äußerst wirksam. Dadurch konnten sie die gemachten Fehler selbst erkennen, und Verbesserungsvorschläge entwickeln. Weiter bekamen sie die Möglichkeit, die selbst entwickelten Kriterien direkt anzuwenden um bei einem direkten Vergleich der beiden entstandenen Visualisierungen die Wirkung und somit die Wichtigkeit der entwickelten Aspekte verdeutlicht zu bekommen. Somit wurde den Schülern ihre eigene Leistungsfähigkeit vor Augen geführt, was zusätzlich sehr motivierend auf sie wirkte. Durch diese Art der Produkterstellung konnten den Schülern Erfolgserlebnisse ermöglicht werden, die wesentlich zum Lernerfolg beitrugen und das Selbstvertrauen in ihre eigenen Fähigkeiten stärkten. Dieser Lernerfolg spiegelte sich auch in der Abschlussreflexion der letzten Doppelstunde wieder. Den Schülern waren noch fast alle Visualisierungskriterien präsent. Nur durch ein solch handelndes und motiviertes Lernen, bei dem gemachte Fehler selbst erkannt, Verbesserungsvorschläge entwickelt und angewandt werden, was den Schülern durch die selbst erarbeitete Visualisierung noch stärker verdeutlicht wird, können meiner Meinung nach solche grundlegenden Kompetenzen, bzw. Kenntnisse und Fertigkeiten in einer so kurzen Zeit erfolgreich erworben werden.

Aber nicht nur Kompetenzen im Umgang mit der Visualisierung verschiedener Inhalte und Handlungen und im Umgang mit unterschiedlichen Medien konnten erworben werden. Auch das schon vorher gut entwickelte Teamwork und die Kommunikationsfähigkeit der Schüler untereinander wurden noch weiter verbessert. Zusätzlich konnten sie ihre Fertigkeiten im Umgang mit Fachliteratur weiter ausbauen. Alles zusammen maßgebliche Bewertungskriterien einer Projektprüfung.

Abschließend lässt sich festhalten

Ein Präsentations- / Visualisierungstraining anhand eines Projektes ist in hohem Maß dazu geeignet, Schülern in kurzer Zeit grundlegende Kompetenzen der Visualisierung im Speziellen und dadurch auch Kompetenzen der Präsentation im Allgemeinen zu vermitteln. Da Fähigkeiten, Kenntnisse und Fertigkeiten der Präsentation/ Visualisierung in allen drei Phasen der Projektprüfung verlangt werden, hilft es den Schülern sehr gut, sich durch ein solches Trainingsprogramm am Beispiel eines Projektes auf die Projektprüfung vorzubereiten. Allerdings bleibt zu beachten, dass ein einziges Projekt zu dieser Thematik nicht ausreichend ist. Vielmehr müssen solche Arbeitsweisen von Anfang an in den alltäglichen Unterricht eingebaut und Projekte dieser Art in regelmäßigen Abständen durchgeführt werden. Hätten die Schüler dieser Lerngruppe nicht die erforderlichen Fähigkeiten und schon gewisse Vorerfahrungen mit eingebracht, hätte die veranschlagte Zeit wahrscheinlich nicht ausgereicht um einen so umfassenden Lernerfolg zu erzielen. Letztendlich gilt es nun im weiteren Verlauf der Schulzeit, die erlernten Visualisierungstechniken immer wieder im Unterricht anzuwenden, damit sich durch eine ständige Wiederholung die erworbenen Kenntnisse und Fertigkeiten der verschiedenen Visualisierungstechniken weiter festigen und ausgebaut werden können.

Anschrift des Verfassers: Kai Adrian, Gladenbacher Weg 30, 60489 Frankfurt

* * *

Martina Franke

Was haben »Mustafa Sandal« und »Der Hurrikan Katrina« gemeinsam?

Die Bürgermeister-Grimm-Schule in Frankfurt macht sich auf dem Weg zur Projektprüfung

Schon seit Jahren bietet die Bürgermeister-Grimm-Förderschule für Lernhilfe (im Weiteren kurz: BGS genannt) besonders geeigneten Schülerinnen und Schüler die Möglichkeit, einen »externen« Hauptschulabschluss zu erwerben. Dieser ist sehr begehrt, bietet er doch einen »Regelschulabschluss« und nimmt die so Jugendlichen – zumindest in ihrer Wahrnehmung – aus der segregierenden Situation einer »Sonderbeschulung« mit wenig wertigen Abschlüssen heraus.

Abgelegt wird bislang der »Externe Hauptschulabschluss«– mit schriftlichen Arbeiten und einer mündlichen Prüfung - unter den Augen des Schulleiter der kooperierenden Karmeliterschule, einer Frankfurter Hauptschule.

Für unsere Schule und die Schüler hat sich das Angebot des Hauptschulabschlusses als Qualitätsmerkmal entwickelt, dass Hoffnungen weckt, in Überprüfungsgesprächen Perspektiven eröffnet, Motivationen schürt und – wenn er dann geschafft ist – bei Schülern und Lehrern zu großer Befriedigung führt. *Kurz: Das Angebot ist ein wichtiger Baustein unserer Schule!*

Mit der im Jahr 2003 verpflichtenden Einführung der »Vergleichenden Hauptschulprüfung« durch die Hessische Landesregierung sind nun Veränderungen des Prüfungsmodus verbunden. Qua Erlass betrifft dies derzeit zwar »nur« die Hauptschulen – die Berufsschulen, Sonderschulen und außerschulische Bildungsträger bleiben davon noch unberührt. Nichts desto trotz stellte sich daraus für uns die Aufgabe, sich über die veränderten Modalitäten zu informieren.

Die wesentlichen Änderungen im Prüfungsmodus betreffen zwei Teile: Die Aufgaben in Mathematik und Deutsch werden vom Kultusministerium vorgegeben – die Arbeiten sind nun in ganz Hessen vergleichbar.

Zudem wurde ein zusätzlicher Prüfungsteil eingefügt –die »Projektprüfung« um die es heute im Wesentlichen geht. Diese ist ein zusätzlicher bewerteter Prüfungsteil, der in die Endnote mit einfließt. Verbunden hiermit ist eine veränderte Form des Lehrens- und Lernens – oft gefordert und nun auch vom Kultusministerium mitberücksichtigt. Der heutige Aufsatz versucht nun die Erfahrungen mit der Projektprüfung an einer Förderschule für L. darzulegen, Mut zu machen, eine Verbindung zwischen der z.T. hohen Bedürftigkeit von Förderschülern und den komplexen und teilweise divergierenden Anforderungen des »neuen« Prüfungsteils zu probieren. Insofern beschränkt sich die nachfolgende Arbeit auf den »Projektteil«, auch wenn der Bereich der vergleichenden Arbeiten spannende Neuheiten beinhaltet und eines genauen Hinschauens lohnt. *Aber zurück zur Projektprüfung:*

In diesem Prüfungsteil sollen die Schüler während eines definierten Zeitraumes, idealerweise zwischen Sommer- und Herbstferien, sich in Gruppen von 3-5 Jugendlichen selbstständig mit einem selbstgewählten Thema auseinandersetzen. Gegliedert wird Prüfungsteil in die drei Phasen »Vorbereitung«, »Durchführung« und »Präsentation« und gilt als« wesentlicher Bestandteil der Abschlussprüfung«[1.]

Während der gesamten Prüfung setzen sich die Schüler mit Anforderungen ganz unterschiedlicher Art auseinander, um zu einem Ergebnis zu kommen. Gefragt und gefordert sind sowohl soziale Fähigkeiten wie z.B. Kooperation, Verlässlichkeit, Konfliktfähigkeit, Engagement, Zeitmanagement aber auch Fertigkeiten wie z.B. Internetrecherche, sinnerfassendes Lesen, Textwiedergabe in eigenen Worten, Gliedern, Klassifizieren, Priorisieren, Veranschaulichen, Kontakte knüpfen u.v.m.. Gleichzeitig müssen die Jugendlichen den Spagat zwischen Gruppen- und Einzelarbeit gestalten, also divergierenden Anforderungen angemessen bewältigen. Das verlangt

---

1 Hessisches Kultusministerium: „Die neue Hauptschule in Hessen“, S. 30

ein hohes Maß an sozialer Wahrnehmungsfähigkeit, etwas womit unsere Schülergruppen oft Schwierigkeiten haben.

Das Bewusstsein, die eben angeführten Fähigkeiten im Zusammenhang mit dem selbstgewählten Thema auszuweiten und zu fordern, ließ uns Hauptstufenlehrerinnen und –lehrer der BGS diesem neuen Prüfungsteil positiv gegenüberstehen. Gesehen wurde, dass es im täglichen Unterrichtsalltag nur selten gelingt, den Jugendlichen Lernfelder zu eröffnen, die diese weitgehend selbstverantwortlich gestalten können und die eine Verzahnung von theoretischen Sinnzusammenhängen mit sozialem Miteinander bewirken. Zudem herrschte Konsens im Kollegium, dass genau diese Verzahnung den Schülerinnen und Schülern eine Weiterentwicklung ermöglicht und von Lehrerseite aus gewollt ist. Nach ersten Informationen über den veränderten Prüfungsmodus im Allgemeinen und der Projektprüfung im Besonderen war klar: Das wollen wir mal probieren.

Allerdings, bei allem guten Willen, wusste keiner genau, was auf uns als Schule und die verantwortlichen Lehrer denn alles zukommt. »Was ist zu organisieren?«; »Können das meine Schüler?«; »Welches ist meine Rolle?«:

Diese und viele offene Fragen mehr führten zu einer gewissen Unsicherheit, der wir (alle Hauptstufenlehrerinnen und –lehrer) im September 2004 mit einer Fortbildungsveranstaltung zu begegnen versuchten.

Jedoch: Genau das Gegenteil war der Fall. Präsentiert wurden ausgesprochen gelungene Ergebnisse von einer faszinierenden Qualität. Das Ergebnis: Eine Theke für den Pausenverkauf einer Schule aus Holz und Glas. Die Skizzen dazu mit genauen Maßen in Front und Draufsicht perspektivisch richtig dargelegt. Deutlich zeigte sich die Leistungsfähigkeit einer ausgewählten Gruppe Regelschüler aus dem ländlichen Raum. Über den Arbeitsprozess selbst gab es kaum Informationen und die angesprochen Schwierigkeiten waren ausschließlich organisatorischer Art.

Eher erschlagen als ermutigt nahmen wir den Weg nach Hause. »Das können »unsere« nie!« war einer der Überlegungen, die auch die nachfolgende Diskussion beherrschte.

Indes ließ uns der Gedanke doch nicht los und in der nächsten Hauptstufenkonferenz stand die Projektprüfung nun doch wieder auf der Tagesordnung. Zusammen mit den Erfahrungen einer neuen Kollegin, die im gemeinsamen Unterricht der Sek.1 schon Erfahrungen mit dieser Prüfungsform gemacht hat, versuchten wir nun, unseren eigenen Weg zu finden. Hier erfuhren wir auch eine Ermutigung, die aus der praktischen Erfahrung herrührte.

Von vielen Überlegungen ging es dann zur Gestaltung kleinerer Klassenprojekte, die jeder Klassenlehrer selbstverantwortlich leitete.

Aber: Da, wo wir hinwollten waren wir noch lange nicht, wenn auch diese »Zwischenschritte« sich als ganz wichtig für das spätere »Ergebnis« Projektprüfung herausstellten.

Erst kurz vor den Sommerferien 2005 wurde es dann konkret. Die Sonderpädagogin Christiane Falz-Korell, die an der Hallgartenschule mit zweien ihrer Schüler den vergleichenden Hauptschulabschluss erarbeitet hat, stand für einen

Austausch zur Verfügung. Ausführlich wurden Für und Wider der beiden Prüfungsformen abgewogen. Aufgrund der geschilderten Erfahrungen und mit ›Blick auf die geplante Abschlussklasse der BGS entschied sich die verantwortliche Lehrerin für eine Mischform: Projektprüfung: Ja, vergleichende Abschlussprüfung: Nein (noch nicht).

Insofern hat sich die BGS zum jetzigen Zeitpunkt entschlossen, bei der »alten« Prüfungsform der externen Abschlussprüfung zu bleiben, aber: den Teil der Projektprüfung zusätzlich mit aufzunehmen.

Wir näheren uns an! Die »richtige« Arbeit erfolgte dann in den Sommerferien. Informationen über den zeitlichen Rahmen, die Anforderungen und die Bewertungsmodalitäten wurden gesammelt. Für die Schüler wurden Projektmappen mit den Formalien zusammengestellt, damit alle Abläufe, Anforderungen und Bewertungen transparent werden. Auch ein Teil der Selbstverantwortung: Die Schüler sollen wissen, was von ihnen erwartet wird.

Als hilfreich in diesem Prozess der »Formalien« erwies sich die »Mentorenmappe Projektprüfungen«, die man vom hessischen Bildungsserver hat herunterladen können. Auf dieser Seite lohnt sich auch ein weiteres stöbern, denn noch viele andere hilfreiche Arbeiten zum Thema sind dort zu finden. (http://hauptschule.bildung. hessen.de/pruefung/material/index_html)

Wie oben schon angesprochen gliedert sich die Projektprüfung in die drei Teilbereiche: Vorbereitungs-, Durchführungs- und Präsentationsphase. Die jeweiligen Schwerpunkte der einzelnen Phasen ist der Tabelle auf der nächsten Seite zu entnehmen.

Eine Bewertung erfolgt in allen drei Teilbereichen. Diese wird gewichtet. Die Note der Vorbereitungsphase fließt zu 20%, die der Durchführungsphase zu 50 % und die der Präsentationsphase zu 30 % in die Endnote ein. Bewertet wird sowohl das Arbeitsergebnis als auch der Prozess. Es gibt Punkte für soziales und fachliches Engagement. Insofern wird den komplexen Anforderungen der Prüfung in der Bewertung Rechnung getragen.

Für das Abschlusszeugnis haben wir uns als Schule für einen Anhang entschieden, auf dem die Endnote, aber auch die Teilnoten und natürlich das Thema der Arbeit dargestellt ist.

Die Rolle des Lehrers

Eine spannende Veränderung erfährt die Rolle des Lehrers. Wie sonst nur in der Literatur dargestellt, aber in der Förderschule aufgrund der hohen Bedürftigkeit vieler Schüler kaum machbar, ist hier eher ein Zuhörer und Berater denn ein »Lehrer« gefragt. Die Prozesse der Themenfindung, Gruppenfindung und die Erstellung einer Gliederung sind zu moderieren und zu begleiten; die dafür notwendigen Auseinandersetzungen von den Schülern selbst zu führen. Ich muss gestehen, dass es mich hin und wider schon einiges an Kraft gekostet hat, das Chaos und die lautstarken Auseinandersetzungen auszuhalten, »nur« zu moderieren, positiv zu bestärken und ansonsten zuzuhören. Das Ergebnis jedoch lohnte und die Gruppe mit dem »spannendsten« weil konfliktreichsten Arbeitsprozess ist gut zusammengewachsen.

Aber auch auf der sachlichen Ebene ist vom Lehrer eine Zurückhaltung gefragt. Das Strukturieren, Gliedern und Klassifizieren ist als Teil des Lernprozess von den Jugendlichen zu leisten. Auch an dieser Stelle lohnt eine bestärkende, konstruktive Zurückhaltung und lässt so Raum für schöne Ergebnisse.

Vorbereitung		Durchführung		Präsentation	
Zeitlicher Rahmen		*Zeitlicher Rahmen*		*Zeitlicher Rahmen*	
3 Wochen / 2 Std. pro Woche – normaler Unterricht findet statt		*4 Tage / mind. 4 Stunden kein Unterricht*		*1 Tag 30 – 60 min plus Reflektion, Abgabe der Mappen/sonstigen Arbeiten, Vortrag*	
Themenfindung Gruppenfestlegung Erstellung einer Projektbeschreibung: Was wollen wir machen? Was wollen wir wissen? An welchen Orten arbeiten wir? Was benötigen wir für unsere Arbeit (z.B. Literatur, Filme, Fotografien, Baumaterialien u.v.m.) Welche Kosten werden auf uns zukommen? Erstellung einer Kalkulation Materialsuche Materialsichtung Materialauswertung		Erstellung eines Arbeitsplans: Wer macht was, wann, mit wem? Selbstverantwortliches Arbeiten an unterschiedlichen Orten Büchereien, Expertenbefragung, Werkstätten, Schule Erstellung eines täglichen Schülerrückblicks zum Stand der Arbeit und dem gruppendynamischen Prozess		Präsentation des Ergebnisses mit versch. Medien: Plakaten, Filmen, Interviews, Vortag, PowerPoint, Zeichnungen u.v.m.. Befragung durch die Lehrkräfte auf sachliche Inhalte Kritische Reflektion des Arbeitsprozesses An welcher Stelle wurde es schwierig, wie wurden Schwierigkeiten gelöst?	

Projektprüfung mit Klasse 10 – Ein Erfahrungsbericht

Die Klasse

Die Klasse 10 der BGS ist die erste Klasse der Schule, die diesen Prüfungsteil ablegt. Sie setzt sich aus 3 Schülerinnen und 7 Schülern multinationaler Herkunft zusammen. Alle diese Jugendlichen haben das Ziel, den Hauptschulabschluss zu bewältigen. Es sind die leistungsstärkeren Schüler der BGS zusammengestellt aus drei ehemaligen neunten Klassen. Alle Schülerinnen und Schüler kannten sich vorher, auch wenn sie nicht gemeinsam in einer Klasse lernten.

Die Ankündigung, dass ein neuer Prüfungsteil zu absolvieren ist, nahmen die meisten der Jugendlichen gelassen auf. Vorstellen konnten sie sich jedoch unter dem Begriff wenig. Auch die Erläuterungen sowie ein kleiner Folienvortrag zum Thema und möglicher Bewertungen trugen trotz konkreter Inhalte nicht zu einer verbesserten Vorstellung bei.

Die Vorbereitungsphase

Der Beginn oder: Die Schwierigkeit ein Thema zu finden

Die Themensuche und Findung stellte für die Jugendlichen eine hohe Anforderung dar. Ihr oft geringes Selbstwertgefühl in Verbindung mit einem eher anregungsarmen Umfeld lassen schon Fragen nach Vorlieben in Schweigen enden. Die Anregung zu überlegen, mit was sie sich denn gerne einmal befassen möchten zeigte sich als unfunktionell. Auch die Frage, in welchen Bereichen sie sich denn als Experten fühlen und was sie uns davon vorstellen wollten, war nicht zu beantworten.

Sinnvoll für die Themenfindung hat sich Mind-Mapping herausgestellt, von der wir im Laufe der ersten Woche mehrere entwickelten. Das erste Thema wurde daher von mir vorgegeben, entlastete so die Schüler gab aber Anregung zum Weiterdenken. Daraus konnten die Jugendlichen gute Ideen entwickeln wie z.B. Jugendkriminalität, großen Autos, Parfüm und seine Wirkung auf Männer, Jugendliche und Freizeit, Türkische Mafia, Kenia, Frauen und Männer, Kilimandscharo u.v.m..

Am Ende der »Mind-Mapping-Phase« hatten die Schüler eine Liste mit ca. 35 Themen erarbeitet, die es nun einzuschränken galt. Als sinnvoll erwies sich, dass sich jeder Jugendliche aus der Liste für 5 »Lieblingsthemen« entscheidet. Aus diesen wurde in den jeweiligen Gruppen in einem Einigungsprozess sukzessive ein Gruppenthema herausgefiltert. Dieser Punkt war, anders als von mir erwartet, kaum konfliktbehaftet und ging einher mit der Gruppenbildung. Daher erfolgt die Trennung hier idealtypisch, in der Praxis waren die Phasen nicht zu trennen.

Die Gruppenbildung – schnell und unproblematisch

Auch die Gruppenbildung erfolgte unproblematisch. Innerhalb kürzester Zeit fanden sich 2 Vierer-Gruppen und eine Zweier-Gruppe zusammen. Eine der Vierergruppe war rein männlich besetzt von Jugendlichen, die auch ihre Freizeit gemeinsam verbringen. Diese Vier wählten als Thema: »Der Hurrikan Katrina in New Orleans«.

Die zweite Vierergruppe bestand aus zwei Jungen und zwei Mädchen. Deren Thema war: »Das Leben der Stars am Beispiel von Sarah Connor und Marc Terenzi«. Die Zweier-Gruppe, bestehend aus einer Schülerin und einem Schüler, wollte sich mit dem Musiker: »Mustafa Sandal« auseinandersetzen. Zu betreuen waren also drei Gruppen in unterschiedlicher Stärke.

Die Materialsuche, Materialsichtung und Materialausw.ahl – es wird schwierig

Die gesamten Schwierigkeiten die Jugendlichen aus bildungsfernen Schichten mit Sprache und Schriftsprache haben, kommen in der Arbeitsform »Projektprüfung« zum Vorschein. Schwierigkeiten mit dem sinnerfassenden Lesen stellten sicher das stärkste Hemmnis sich dem Material zu näheren. Lesen ist auch in den höheren Klassen unserer Schulform anstrengend und mit großer Unsicherheit behaftet. Insofern war auch hier erst mal eine abwartende Haltung zu beobachten – die Schülerinnen und Schüler verhielten sich passiv.

So zeigte sich schon die Suche nach geeignetem Material –das Finden geeigneter Zeitungsartikel- Zeitschriften oder Bücher als heikel. Zusätzlich zur eingeschränkten Lesekompetenz fehlen Erfahrungen mit Printmedien.

Erst mit konkreten Arbeitsaufträge. (Gehe in den Zeitungsladen. Sieh dir die Bilder der Zeitschriften an. Welche haben etwas mit deinem Thema zu tun? Wie heißt die Zeitschrift? – Notiere den Namen. Was kostet sie? – Notiere den Preis). konnten sie sich die Schülerinnen und Schüler auf die Suche nach den Informationen machen.

Es offenbart sich auch in dieser leistungsstärkeren Gruppe, dass Jugendliche unserer Schulform kaum erkennen, dass schriftliche Informationen relevant für die eigene Arbeit sein können.

Die eingeschränkten Kompetenzen im Umgang mit Schriftsprache durchzogen weiter auch jene Phasen, in denen die Materialien gesichtet und geordnet werden sollten.

Hierzu nun war es notwendig, dass vieles gelesen und z.T. verstanden wird. Da sich die Jugendlichen allmählich ihrer Eigenverantwortung bewusst wurden, entwickelten die Schülerinnen und Schüler verschiedene konstruktive Strategien, um ihre Texte zu bewältigen.

Einige Jugendliche markierten relevante Informationen mit Textmarker, zwei andere nummerierten diese, ein weiterer schrieb sich Schlüsselworte heraus und wiederum andere nutzten eine nachmittägliche Hausaufgabenhilfe, die mit ihnen die Texte zusammen erarbeiteten. Es zeigten sich alle Jugendliche in der Lage, diese schwierige Anforderung konstruktiv zu meistern. Dies ist ganz im Sinne eines lösungsorientierten Vorgehens zu sehen.

Das Darlegen der Informationen in eigenen Worten bildete dann keine Schwierigkeit mehr. Möglicherweise lag es an meinen »geringen« Ansprüchen, denn ich ließ auch grammatisch einfachste Ergebnisse zu, sofern diese sachlich richtig waren. Aber diese Haltung schien zu ermutigen und die einzelnen Jugendlichen schrieben zwischen 7 und 15 Seiten.

Projektbeschreibung und Gliederung – erstaunlich gut

Erstaunt durfte ich konstatieren, dass die Gruppen sehr gut ihre Vorstellungen benennen und eingrenzen konnten. Durchweg alle drei Gruppen entwickelten ausgesprochen sinnvolle Gliederungen, die nur noch einer geringen Bearbeitung bedurften. Hierfür waren pro Gruppe 2 Schulstunden vorgesehen, die jedoch nicht benötigt wurden. Meine Unterststützung konnte sich darauf beschränken, einige Punkte an andere Orte zu verschieben – im Sinne einer sachlichen Hierarchisierung.

Die Durchführungsphase

Selbstverantwortliche Zeiteinteilung: Drei Gruppen – Drei Modelle

Mit einer Bewertungsquote von 50% und den vier Tagen eigenverantwortlicher Arbeit stellt diese Phase sicher die Wichtigste dar. Hier können die Schüler selbst entscheiden, an welchen Orten sie wann arbeiten. Neben der schriftlichen Arbeit sind auch Experteninterviews u.v.m. möglich. Besonders die Eigenverantwortlichkeit ist nun gefragt, da kein Lehrer den Arbeitsprozess gestaltet und kontrolliert.

Die drei Gruppen zeigten nun auch ein völlig unterschiedliches Arbeitsverhalten.

Die Jungengruppe surfte die ersten beiden Tage unmotiviert im Internet nach Sportveranstaltungen und genoss die vermeintlich freie Zeiteinteilung. Nachdem sie jedoch begriffen haben, dass der Präsentationstermin immer näher kommt, veränderte sich ihr Arbeitsverhalten. Nun legten alle Jungs »Nachtschichten« (bis 21 Uhr) ein, mit einem Sozialpädagogen der ihnen half.

Die Zweiergruppe arbeitete genau die vier vorgegebenen Schulstunden und holte sich als Experten den Türkisch-Lehrer – sinnvoll, weil Mustafa Sandal ein türkischer Künstler ist.

Die gemischte Vierergruppe mit dem Thema Stars dagegen arbeitete täglich bis mindestens 15:30 Uhr und zeigte sich souverän in Vorbereitung auf den Präsentationstag.

Täglicher Schülerrückblick

Die einzige feste Aufgabenstellung meinerseits war, dass die Jugendlichen einen täglichen Schülerrückblick zu führen hatten. Die Gruppenzufriedenheit war ebenso Thema wie der Stand der Arbeit und eine kurze Reflexion über Schwierigkeiten und deren Lösung. Zu Beginn bearbeiteten die Schülerinnen und Schüler diese Aufgabenstellung lieblos und in der Gruppe. Konflikte wurden verharmlost, Schwierigkeiten nicht benannt und der Stand der Arbeit zu allgemein formuliert.

Erst im Gespräch wurde ihnen klar, dass eine realistische Einschätzung der Gruppensituation von ihnen gefordert wird. Ebenso mussten sie erst lernen, ihre täglichen Arbeitsschritte möglichst konkret zu benennen. Dazu habe ich gemeinsam mit jeder Schülerin und jedem Schüler den ersten Rückblick gemeinsam besprochen. Daraufhin erst verstanden alle Jugendlichen, dass sie das Recht auf eine eigene

Wahrnehmung haben, dass diese nicht benotet wird aber dass der Versuch einer realistische Wahrnehmung und Benennung der verschiedenen Punkte sie weiterbringt. Spannend war, dass die Teenager immer besser lernten, sich selbst und den Stand der Arbeit einzuschätzen. Beim Zurückblättern werden in allen Bögen die Schwankungen deutlich, denen die Gruppen unterlagen. Von völlig genervt bis euphorisch lassen sich Stimmungen und Arbeitsfortschritt nachspüren.

Die Präsentationsphase

Der große Tag

Die Präsentation erfolgte am Freitag vor den Herbstferien. Eingeladen waren neben der Schulleitung auch alle betreuenden Kräfte (Sozialpädagogen, Lernhelfer, Fachlehrer), ehemalige Referendarin, Praktikanten, Lehrerinnen und Lehrer sowie Schülerinnen und Schüler der Hauptstufe.

Die drei Gruppen mussten ihre Arbeiten also vor einem großen Publikum vorstellen. Mindestens 20 Personen waren immer anwesend, zum Teil waren es aber auch über 40.

Die Schüler überraschten durch ihre Vorträge und den Einsatz von Medien. Es wurden Internetclips gezeigt, die Weltkarte genutzt, eine Tafelzeichnung zum CO2 – Ausstoß angefertigt, Musik eingelegt, Folien aufgelegt, frei gesprochen und natürlich Plakate präsentiert. Zudem war von jeder Gruppe eine Mappe mit den schriftlichen Arbeitsergebnissen abgegeben worden. Hierdurch wurde die Intensität der sachlichen Auseinandersetzung auch deutlich dokumentiert.

Nervös waren alle Jugendlichen. Das zeigte sich in der Sprache und einer gewissen Eile in der Präsentation. Aber beeindruckend war neben der sachlichen Leistungsfähigkeit die Ehrlichkeit, mit denen die Jugendlichen ihren Arbeits- und Einigungsprozess reflektierten. Es zeigte sich deutlich, dass alle Jugendlichen an der Arbeit gewachsen sind, dass alle Lernfortschritte u.a. in den Bereichen soziale Kompetenz, Verlässlichkeit, Engagement, Selbstwahrnehmung und Selbstbewusstsein erzielt haben.

Die Bewertung dieser Phase erfolgte gemeinsam mit dem Schulleiter Herr Stein, der Konrektorin Frau Mück sowie mir als Klassenlehrerin. Alle Schüler wurden für die abgegebenen Arbeiten, die Präsentation und ihrer Reflektion bewertet. Die Noten schwankten zwischen »schwach befriedigend« und »sehr gut« – wobei eine deutliche Tendenz der besseren Noten zu beobachten ist.

Rückblick und Ausblick

Ungefähr ein gutes Jahr ist vergangen von der ersten Information bis hin zur abgelegten Prüfung. Während dieser 12 Monate schwankten wir Lehrerinnen und Lehrer immer mal wieder – vor allem, weil wir befürchteten, dass »unsere« Schüler es nicht schaffen können. Nun, dieser Jahrgang hat es geschafft und hat es sogar gut geschafft.

Für unsere Schüler - »meine« Klasse - war dieser Prüfungsteil ein Gewinn. Von Mängeln oder Schwierigkeiten war natürlich auch dieser Prüfungsdurchgang nicht frei. So verfügt die Klasse nur über einen internetfähigen Computer und einem uralten Tintenstrahldrucker. Aufgrund dessen wurde die Internetzeit strikt reglementiert, es durfte aber ins Internetkaffee ausgewichen werden. Das empfahl sich auch wegen der besseren Ausdrucke. Die Kosten übernahm nach Quittung die Schule. Das galt ebenso für den Kauf von Zeitschriften, Zeitungen, CD-Rohlingen, Plakaten u.v.m.. Insgesamt fielen ca. 35 Euro an. Diese Summe deckt sich ungefähr mit der Kostenkalkulation der Gruppen. Die spezifischen Bedürftigkeiten von Förderschülern an mehr Betreuung auf der emotionalen und mehr sachlichen Hilfen auf der analytischen Ebene nahm im Laufe des Projektprozesses ab. Die Jugendlichen »emanzipierten« sich. Sehr spannend zu beobachten!

Aber klar gesagt werden muss auch, dass die in der Zeitspanne von der Themenwahl bis zum Ende der Vorbereitungsphase im Grunde kein normaler Unterricht möglich war. Das ist natürlich so nicht vorgesehen, ergab sich aber aus den Bedürfnissen und dem Können der Schüler. Der höhere Zeitaufwand trägt der höheren Bedürftigkeit Rechnung. Aber die Schüler haben in dieser Zeit trotzdem soviel an »anderen« Dingen gelernt, dass dies meiner Ansicht nach gut zu rechtfertigen ist.

Nun legen die Jugendlichen aus dem heutigen Bericht im Juni 2006 ihren externen Hauptschulabschluss ab. Wir sind gespannt, wie denn diese Prüfung verläuft. Eine »neue« Klasse 10 wird folgen. Sicher kann man sagen, dass der Projektteil nächstes Jahr wieder als Prüfungsteil bearbeitet wird. Es stellt sich dann die Frage nach dem Abschluss. Wird es weiter der »externe« oder werden wir den »vergleichenden« Abschluss anbieten? Wie dem auch sei, wir sind auf dem Weg und treffen mögliche Entscheidungen immer mit Blick auf die Schüler.

Wem ein Blick in die Schülerarbeiten interessiert oder Spaß an einem fachlichen Austausch hat, der ist herzlich eingeladen, sich bei der Bürgermeister-Grimm-Schule zu melden. Danken möchte ich allen denjenigen, die für einen Austausch zur Verfügung standen aber auch all jenen Schulen, die mit der Materialbereitstellung im Internet die Arbeit erleichtert haben. Sämtliche, folgend abgebildeten Formulare durften downgeloaded werden und finden sich auf der Seite: http://hauptschule. bildung.hessen.de/pruefung/material/index_html.

Zum Teil wurden die Formulare so übernommen, zum Teil angeglichen. Gerne stelle ich unsere Formulare als Datei zur Verfügung. Schicken Sie eine kurze Mail an: marfrank@gmx.net

Anschrift der Verfasserin Martina Franke, Bürgermeister-Grimm-Schule,
Ackermannstraße 39, 60326 Frankfurt am Main

E-Mail bgschule@gmx.de

* * *

Aus der Verbandsarbeit

»Es geht um Kooperation!«

Fachtagung Erziehungshilfe am 2.12.2005 in Solms

Unter diesem Motto trafen sich am 2. Dezember 2005 mehr als 200 Fachleute aus Schule, Jugendhilfe und anderen Einrichtungen in der Gesamtschule Solms bei Wetzlar, um den Umgang mit Kindern und Jugendlichen mit störendem Verhalten in der Schule zu diskutieren. Die Tagung wurde vom Referat soziale und emotionale Entwicklung des vds Landesverband Hessen in Zusammenarbeit mit dem Staatlichen Schulamt für den Lahn-Dill-Kreis, dem Landkreis Limburg-Weilburg, der Schule für Erziehungshilfe des Lahn- Dill-Kreises durchgeführt.

Kernthema der ganztägigen Veranstaltung war die interdisziplinäre Zusammenarbeit und die effiziente Gestaltung von Förderprozessen. Schulen und Lehrkräfte sehen sich überfordert und der Erfolg der Wissensvermittlung ist oft massiv beeinträchtigt. Untersuchungen gehen davon aus, dass 5-10% aller Schüler im Laufe ihrer Schulzeit besonderer Hilfen und Beratung bedürfen. Viele dieser Schüler bleiben in der Schule erfolglos, obwohl sie eigentlich in Lage wären, einen Abschluss zu erreichen und damit ihre Chance auf dem Arbeitsmarkt zu verbessern.

»Es gibt wohl kaum ein Fachgebiet der Pädagogik, in dem die konstruktive Zusammenarbeit von Menschen und Institutionen so entscheidend für den Erfolg ist wie in der Erziehungshilfe«, sagte Baldur Drolsbach, der Leiter dieser »Schule ohne eigene Schüler«, zu Beginn der Tagung, und begründete die Form, wie seine Kollegen arbeiten, mit den Worten: »Wenn wir eines gelernt haben, dann das, dass es nicht darum geht, neue imposante Institutionen zu errichten, sondern mit den bestehenden Einrichtungen und den Menschen zusammenzuarbeiten. Denn nichts ist stärker als der beharrliche Widerstand bestehender Systeme.«

Mit den folgenden Sätzen wurde er konkreter: »Das gilt für *das Kind,* das mit seinem bisherigen Verhalten aus seiner Sicht so erfolgreich durchs Leben gekommen ist. Das gilt für *manche Familie*, die viele Helfer in Bewegung setzt, um sich selbst nicht bewegen zu müssen. Das gilt für *uns Helfer,* die wir auf die Erfolglosigkeit einer Maßnahme oft mit `mehr derselben´ antworten. Und das gilt für *manche Schule*, die auf Schwierigkeiten noch zu oft mit Ausgrenzen statt mit neuen Ideen reagiert.«

Eine Antwort auf diese Problematik versucht der Lahn-Dill-Kreis in Mittelhessen seit zehn Jahren durch seine dezentrale Schule für Erziehungshilfe zu geben. Das Arbeitsprinzip dieser Schule beschreibt Baldur Drolsbach, Schulleiter der Schule zusammenfassend als integrative und kooperative Förderung von Schülerinnen und Schülern mit Förderbedarf in der sozialen und emotionalen Entwicklung. Durch die Präsenz der EH-Lehrkräfte in allen 22 Schulen der Sekundarstufe sei der frühzeitige Zugang zu fachlicher Beratung und Unterstützung sichergestellt.

Kernaufgabe der dezentralen EH ist die enge Kooperation auf regionaler Ebene mit allen Institutionen der Jugendhilfe und den Einrichtungen der psycho-sozialen Versorgung. Dazu existieren Vereinbarungen mit vielen Partnern im Lahn-Dill-Kreis.

Sowohl der Schuldezernent des Lahn-Dill-Kreises Roland Wegricht als auch der Leiter des Staatlichen Schulamtes Martin Daus formulierten auf der Tagung in ihren Stellungnahmen die Bedeutung dieser Thematik für die Schule insgesamt. Sie nahmen dabei auch Bezug auf die aktuelle Erklärung der Hessischen Kultusministerin, in den nächsten Jahren die schulischen Angebote in der Erziehungshilfe trotz knapper Kassen massiv ausbauen zu wollen.

Das zentrale Referat von Prof. Walter Spiess von der Christian-Albrechts-Universität in Kiel stand unter dem markanten Titel: »Wie Sie herausfinden können, was Sie in der Kooperation schon gut machen und wie Sie noch besser werden können!« Er hielt allerdings keinen Vortrag, sondern moderierte auf der Bühne ein Gespräch zwischen einer Klassenlehrerin und ihrer Erziehungshilfekollegin mit einem Elternpaar. Prof. Spiess demonstrierte mit diesem Beispiel, wie man »aus der Logik des Misslingens eine solche des Gelingens machen kann«. Die in dem Gespräch enthaltenen Strategien beschrieb er so: »Es wird eine Vorstellung davon entwickelt, wie die Zukunft aussehen kann, wenn das Problem gelöst sein wird. Dabei binde ich alle Beteiligten konsequent in den Prozess ein, der besonders darauf setzt, was bereits alles gut funktioniert«.

Im Anschluss an den Eingangsimpuls wurden in insgesamt 19 Arbeitsgruppen mit unterschiedlichen Schwerpunkten die Rahmenbedingungen, die Erfahrungen und die erprobte Praxis der Kooperation zwischen Fachkräften und Institutionen im Kontext schulischer Erziehungshilfe thematisiert.

Eine übergroße Mehrheit der Teilnehmerinnen und Teilnehmer zeigten sich in der abschließenden Evaluation sehr zufrieden mit dem praxisnahen Angeboten dieser Fachtagung.

Inge Holler-Zittlau, Vorsitzende des vds Hessen

* * *

Veranstaltungshinweise

QUER ZU ALLEM – Auffällige Schüler in der Schule

Betrachtungen, Erklärungen und Konzepte zur Erziehungshilfe

Fachtagung Erziehungshilfe

Am 15. 05. 2006 / 9:00 – 17:00 Wilhem-Kempf-Haus, in 65207 Wiesbaden-Naurod

Themen: Prävention und Intervention bei Unterrichtsstörungen, Kollegiale Fallberatung, Nachgehende Betreuung, ETEP-Konzept, Arbeit mit dem Beziehungsbrett, Systemische Ansätze schulischer Erziehungshilfe in der allgemeinen Schule, Anti-Aggressionstraining, Kooperation Jugendhilfe – Schule

Veranstalter: Staatliches Schulamt für den Rheingau-Taunus-Kreis und die Landeshauptstadt Wiesbaden

* * *

GEW; vds Hessen
Beratungs- und Förderzentren in Hessen –
Unterstützungssysteme oder Mogelpackung?
16.Mai 2006 10.00 bis 17.00 Uhr – Klein-Linden Bürgerhaus
Referentin I. Schnell Uni Frankfurt, Podium mit MinRat Lerch HKM,
Nachmittag AGs

* * *

Verein Arbeits- und Erziehungshilfe e.V.
vae **Träger von Jugend-, Drogen- und Behindertenhilfeeinrichtungen**

Beratungsstelle »Ohne Worte« für nicht oder kaum sprechende Menschen
Karlsruher Straße 9, 60329 Frankfurt
Ankündigungen: Seminare für das Jahr 2006:
30. / 31. März 2006 ISAAC- Grundkurs in Frankfurt/Main
29./30. Juni 2006 ISAAC- Grundkurs Frühförderung in Frankfurt/Main
16./17. November 2006 ISAAC- Grundkurs in Frankfurt/Main
Alle Kurse kosten 200-,€, für Mitglieder vom DPWV 190-,€
Ansprechpartner für weitere Informationen: Annerose Schneider, Tanja Kessler
Telefon: 069-27216-250/251 - Email:aschneider@vae-ev.de
Homepage:www.ohne-worte.info

* * *

Die Hermann-Herzog-Schule feiert ihr 50-jähriges Bestehen mit einem Schulfest am 09.09.06 und einer akademischen Feier am 15.09.06.

Frau Roth, Oberbürgermeisterin der Stadt Frankfurt/Main, hat die Schirmherrschaft übernommen.

Vor dem Hintergrund der erschreckenden Einschnitte in die Pädagogik für behinderte Menschen nach 1933 hat die Stadt Frankfurt im Jahre 1955 auch für sehbehinderte Kinder und Jugendliche die für sie notwendig erachtete, besondere schulische Förderung eingerichtet.

In den 50 Jahren ihres Bestehens hat sich die Hermann-Herzog-Schule zu einem überregionalen sonderpädagogischen Beratungs- und Förderzentrum für Sehbehinderte entwickelt und genießt bundesweit einen namhaften Ruf aufgrund der richtungsweisenden und umfassenden Integration der neuen Medien in die pädagogische Arbeit, der Erfolge der ambulanten Beratung bei wohnortnaher Beschulung Sehbehinderter und die grundlegenden Bemühungen um die Integration sehbehinderter Kinder und Jugendlicher in alle für sie relevanten Lebensbereiche.

Hermann-Herzog Schule, Fritz-Tarnow Str. 27, 60320 Frankfurt, Tel: 069-21235131, Hherzogschule@gmx.de *vds- Fachverband für Behindertenpädagogik-*

vds-Landesverband Hessen

Vorstand

1. Vorsitzende
Inge Holler-Zittlau
Barfüßerstr. 49
35037 Marburg
Tel. 06421/21682 privat
Tel. 0641/9924174 dienstlich
Fax 06421/21685
email: inge.holler-zittlau@erziehung.uni-giessen.de

2. Vorsitzender
Peter-Martin Stier
Herrmannstr. 78b
35037 Marburg
Tel. 06421/33127 privat
Tel. 06428/440128 dienstlich
Fax 06428/440188 dienstlich
email: stier-marburg@t-online.de

Geschäftsführung
Volker Karger
Schillerstr. 12
36304 Alsfeld
Tel.: 06631/916353 privat
Tel.: 06631/9110003 dienstlich
Fax:06631/706169
email: Karger.Volker@t-online.de

Öffentlichkeitsarbeit
Werner Harasta
Kathrainer Str. 22
65232 Taunusstein
Tel.: 06128/6152 privat
Tel. 06126/946611 dienstlich
Fax: 06126/2013 dienstlich
email: w.harasta@feldbergschule-idst.de

Kassenführung
Peter Walter
Fichardstr. 57
60322 Frankfurt
Tel. 069/592786 privat
Tel. 069/951189-0 dienstlich
Fax 069/592763 privat
Fax 069/95118912 dienstlich
email: pe.walter@gmx.de

Schriftleitung
Prof. Dr. Peter Rödler
Opernplatz 12
60313 Frankfurt
Tel. 069/284767
Fax 069/92870967
email: proedler@uni-koblenz.de

www.ingramcontent.com/pod-product-compliance
Ingram Content Group UK Ltd.
Pitfield, Milton Keynes, MK11 3LW, UK
UKHW040027200726
13854UKWH00001B/393

9 783898 065214